EXPOSITION
DES PRINCIPES
QU'ON DOIT SUIVRE

DANS L'ORDONNANCE

DES THEATRES
MODERNES.

Par M. *** Comre des guerres, & Sre de M. le D. de C.

Oblitum quantò curam sumptumque minorem
Hæc habeant. Hor. sat. 2. 2. 4.

A AMSTERDAM.

Et se trouve

A PARIS,

Chez CHARLES-ANTOINE JOMBERT, Libraire du Roi, rue Dauphine.

M. DCC. LXIX.

PRÉFACE.

On parlait beaucoup, il y a trois ans, de la mauvaise forme de nos salles de spectacle ; j'engageai un homme estimable par ses connoissances en ce genre, à profiter de l'effervescence du public, & à écrire ; je l'encourageai par l'exemple d'un homme de lettres, qui, sans exercer la profession d'architecte, a ramené les esprits trop prévenus sur des objets importans & négligés. Vous avez fait, me dit-il, une étude particuliere de l'architecture, vous avez vu les plus beaux monumens anciens & modernes ; vous vivez ou vous entretenez une correspondance réglée avec les plus célebres artistes ; pourquoi ne faites-vous pas ce que vous me demandez ? Je contractai alors l'engagement que je remplis aujourd'hui ; je rassemblai mes principes, & mes anciennes réflexions. J'ai hésité pendant long-tems si je publierais ou si je supprimerais mon travail : je flottais entre le desir d'être utile, & la crainte de paraître entreprendre sur les maîtres. Je ne donne des leçons à perſonne, je communique mes idées au public. Nos artiſtes du premier rang ne manquent ni de talent ni de courage: qu'on ne leur oppoſe plus les entraves du préjugé & de l'uſage; qu'on laiſſe à leur génie un eſpace libre, & bientôt ils le parcourront avec ſuccès. Pour détruire ces obſtacles, j'ai tâché d'expoſer les vrais principes qui doivent diriger l'ordonnance d'un théatre. Avant que de réformer les abus, il faut éclairer les chefs.

Mon deſſein n'eſt point

de gêner les *virtuoſes*, je ſollicite pour eux la liberté de développer leurs organes, & de ſe ſervir de leurs talens avec plus d'avantage, en nous donnant plus de plaiſir ; ils ſont d'autant plus contraints, que les architectes ſont moins libres. L'uſage des formes vicieuſes ou triviales les aſſujettit & les embarraſſe. Il me ſera facile de montrer au public combien ce préjugé nuit aux progrès de l'architecture ; pour le rejetter, il ne faut pas faire de grands efforts, il ſuffit de le vouloir.

La poſtérité ne pourra

pas se persuader que, trois siecles après le renouvellement des arts en Europe, on ait construit encore des temples comme des forteresses; elle ne nous pardonnera pas d'avoir conservé le goût massif & monotone des piliers & des arcades dans des édifices très-vastes, malgré les exemples que nous avons d'une construction plus élégante dans les colonnades de l'église de S. Pierre, du Louvre, & de la chapelle de Versailles, où on a fait porter les voûtes sur des colonnes. Les constructeurs des nouveaux temples de ſainte Genevieve, de la Magdelaine de la Ville-l'Evêque, & de S. Germain-en-Laye, ont adopté une maniere plus ſvelte & plus majeſtueuſe. Le premier a ouvert la roûte, & il a été bientôt ſuivi courageuſement dans le chemin de la gloire.

L'architecte qui connaît ſon art ſçait que l'étendue d'un édifice éblouit plus la multitude qu'elle n'illuſtre ſon auteur, ſi elle n'eſt jointe à un goût pur & hardi. Le goût ſeul en ce genre prouve le talent. Une chapelle qui réunit l'élégance du deſſein à la juſteſſe des proportions, ſuffit pour immortaliſer un homme de génie. Un architecte ſublime trouve-t-il l'occaſion de conſtruire un édifice remarquable ? il cherche des beautés originales, des idées neuves, il ne regrette pas l'étendue & l'immenſité du terrein, parce qu'il aime mieux faire valoir ſes penſées que d'entaſſer des pierres. Sera-t-il aſſez heureux pour l'exécuter tel qu'il l'a conçu?

Les perſonnes qui préſident aux grandes choſes ne ſont pas toujours prémunies contre les inquiétudes de la médiocrité, & les déclamations de la jalousie; il est important de les instruire. Lorsqu'elles seront éclairées, elles jugeront du mérite du grand homme auquel elles permettent difficilement de s'illustrer; une économie mal entendue ne les séduira plus. Les fautes des artistes célebres deviennent des exemples qu'on offre à l'imitation de l'homme instruit qui les condamne. Le prétexte de l'usage a souvent étouffé les pensées les plus heureuses pour leur substituer des formes usées.

L'artiſte timide penſe que le public eſt accoutumé aux défauts des conſtructions ordinaires ; il n'oſe pas s'écarter de la route commune ; il ne ſe permettra jamais une tournure plus avantageuſe, & un ſtyle plus diſtingué.

Le courage & le talent ne ſuffiſent pas toujours à un artiſte ; il eſt ſouvent forcé d'obéir à ſes chefs. On s'apperçoit, dans les arts, du paſſage d'un homme médiocre dans les grandes places. Au lieu de les encourager, de les protéger, de les ſuivre, il les ſubjugue, les croiſe & les enchaîne. On doit deſirer que les gens en place s'élevent au-dessus du préjugé & des petits intérêts, & qu'ils adoptent des nouveautés utiles, dont l'époque peut honorer leur administration.

Les obstacles que je viens de rappeller au lecteur sont plus fréquens dans l'architecture que dans les autres arts de l'imagination. Dans les productions des autres beaux arts le génie est libre ; il choisit, il décide. Dans les ouvrages d'architecture, il est toujours gêné, & contraint par l'habitude, qui domine souvent les meilleurs esprits.

Un génie vaſte & hardi ouvre-t-il la route? la trace s'efface, s'il n'eſt pas ſuivi dans ſa carriere, & la foule revient ſuperſtitieuſement dans les antiques ſentiers de l'uſage & de la médiocrité. Il eſt néceſſaire quelquefois que les efforts du génie, qui veut étonner & ravir, ſoient ſecondés par des ſecouſſes qui accélerent la révolution. L'impulſion eſt donnée, le public murmure, il ſe plaint de la mauvaiſe ordonnance des théatres, il eſt tems que le génie crée. Attaquons les préjugés qui l'enchaînent, & eſpérons que le goût des artiſtes ſera réuni à l'utilité du public.

On ſoupçonne depuis quelque tems la poſſibilité d'employer dans la conſtruction des théatres, des formes plus régulieres & plus commodes que celles qu'on a ſuivies. On a employé quelques bons principes dans pluſieurs ſalles modernes: on a inſéré des idées neuves relatives à cet objet dans les feuilles périodiques, & on a gravé d'excellens morceaux que le public a reçus avec avidité. Le projet particulier d'une ſalle de comédie, que M. Cochin a publié avec des obſervations, renferme de très-belles idées; il a eu tout le ſuccès que méritent les productions de ce céle-bre artiſte. M. Cochin a at-tribué le fond de ce projet à un homme connu par de très-bons ouvrages. Je me ſouviens en effet d'en avoir vu les principales diſpoſi-tions dans le porte-feuille de M. Potain, architecte du roi. Il y a par conſéquent une fermentation marquée dans les eſprits, & une con-juration bien décidée contre les formes ordinaires de nos ſalles de ſpectacle. J'ai oſé les attaquer ſans ménagement à la ſuite de pluſieurs grands hommes. Je n'ai rien trouvé en France qui puiſſe ſauver les défauts du ſyſtême ordinaire ; je m'étais flatté que je n'aurais rien à deſirer ſur toutes les bonnes diſpoſitions qu'on peut employer lorſque j'aurais vû l'Italie. Après avoir viſité les théatres de cette nation, mes eſpérances n'ont pas été remplies. J'y ai trouvé des parties acceſſoires ménagées fort adroitement ; mais j'ai rencontré le même ſyſtême & les mêmes défauts que j'avais remarqués en France, excepté pour la forme du pourtour intérieur, qui me parut fort bonne; j'y apperçus même des défauts particuliers, analogues au génie des Italiens; je publiai mes obſervations dans une lettre que je fis inſérer dans l'avant-coureur du mois de Février 1765.

Lorſque j'ai été convaincu que parmi les ſalles conſtruites en Europe, il n'y avait pas encore un modele aſſez complettement bon pour régler leur conſtruction, j'ai tâché d'approfondir les principes qui doivent guider un artiſte dans l'ordonnance & la diſtribution des théatres. Après avoir comparé les ſalles anciennes aux modernes, j'ai reconnu que les anciens avaient cherché plus de grandeur, & les modernes plus de commodité. Pour pénétrer plus profondément mon ſujet, je me ſuis combattu avec toutes les armes du doute méthodique, je deſire que mes lecteurs aient la même impartialité en jugeant mes obſervations.

J'aurais pu donner au public des deſſeins en plans, coupes, élévations, &c. d'après les idées que j'ai adoptées. Un recueil de cette eſpece m'a paru inſuffiſant.

Une discussion raisonnée des principes présente aux ordonnateurs une certitude plus absolue, & les prémunit mieux contre les erreurs & les surprises.

Je n'ai point renfermé dans mon sujet le fond de la construction des théatres, relativement aux matériaux & à la maniere de les employer. Nos architectes n'ont pas besoin d'être aidés sur cet objet ; je me suis borné à leur ordonnance, parce que c'est en cela qu'on les gêne.

Je crois devoir expliquer

ſuccintement le plan de mon ouvrage. J'ai fait l'hiſtoire de l'origine de la forme ordinaire de nos théatres, & j'ai indiqué les raiſons qui l'ont conſervée. J'ai développé enſuite les principes ſur leſquels on doit conſtruire un édifice deſtiné aux jeux de la ſcene, & j'en ai fait une premiere application à un auditoire de la forme la plus ſimple. Après avoir déterminé les différences qu'il eſt abſolument néceſſaire d'obſerver entre nos ſalles & les théatres des anciens, j'ai appliqué ces principes à chacune des principales parties d'un édifice plus composé, & assujetti à ce qu'exigent nos représentations théatrales. J'ai passé de l'enceinte des spectateurs au théatre proprement dit, & j'ai tâché de fixer les dimensions les plus considérables jusqu'où l'on peut l'étendre, & les moindres auxquelles on peut le réduire. J'ai indiqué les ressources qu'on aurait pour se procurer pendant un ou deux mois de l'année un spectacle extraordinaire très-magnifique. J'ai terminé mon ouvrage par des réflexions ſur la commodité & la décoration qu'on doit donner aux pieces d'accompagnements, & aux dehors de ces édifices.

TABLE

TABLE
DES CHAPITRES.

CHAPITRE PREMIER.

Origine de la forme ordinaire des ſalles à petits étages de loges placées perpendiculairement les unes ſur les autres. Circonſtances qui ont fait conſerver cet uſage dans pluſieurs théatres en Europe : ſes inconvéniens. Page 1

CHAPITRE II.

Principes généraux pour la diſpoſition intérieure d'une ſalle de Spectacle. 2

CHAPITRE III.

De l'étendue d'une ſalle de ſpectacle. 34

CHAPITRE IV.

De la forme & de la matiere des couvertures. 41

CHAPITRE V.

De la forme du pourtour intérieur. 45

CHAPITRE VI.

De la disposition des spectateurs. 56

CHAPITRE VII.

Du Théatre. 89

CHAPITRE VIII.

Des accompagnemens & des dehors. 102

Fin de la Table.

ERRATA.

ERRATA.

PAGE 2, lig. 5, ou ſur les ruines, *liſez* ou les ruines.

Pag. 9, lig. 12, il faut le forcer, *liſez* il faut qu'il ſoit forcé.

Pag. 20, lig. 14, *retranchez le* 1°. Lig. 16, *retranchez le* 2°. *& le* parce; *liſez* & que le décorateur.

Pag. 26, lig. 15, *ſupprimez* du théatre.

Pag. 27, lig. 4, *ſupprimez* du théatre.

Pag. 34, lig. 5, conſtruire les ouvertures, *liſez* conſtruire les couvertures.

Pag. 36, lig. 14, d'ouvertures, *liſez* couvertures.

Pag. 40, lig. 14, diſpendieuſe, *liſez* difficile.

Pag. 47, lig. 11, pris du théatre, *liſez* près.

b

Pag. 49, lig. 1, tait; *lisez* soit.

Même page, lig. 9 & 10, du courbe, *lisez* ou par une courbe.

Pag. 51, lig. 11, gênés, *lisez* garnis.

Pag. 60, lig. 15, très-lissés, *lisez* lisses.

Pag. 63, lig. 8, au mur du côté de la scene; *lisez* au mur décoré de la scene.

Pag. 73, lig. 18 & 19, disposé, *lisez* décoré.

Pag. 74, lig. 10, ont fait, *lisez* ont commencé à faire.

Même pag. à la derniere ligne : salle, pour y trouver, &c. *lisez* salle. On peut y former.

Pag. 79, lig. 4, le profil, *lisez* le détail.

Pag. 89, lig. 6, qui lui ont, *lisez* qui leur ont

Pag. 97, lig. 10, formes, *lisez* fermes.

Même pag. lig. 20, perspectives, *lisez* mouvemens.

Pag. 102, lig. 2, en titre: Des accompagnemens des dehors, *lisez* des accompagnemens & des dehors.

P. 105, lig. 20, *aprés* sans ordres, *ajoutez* à différens étages.

Pag. 106, lig. 4, peu, *lisez* trop peu.

Pag. 115, comme on l'a fait, *lisez* comme on le demande.

P. 120, lig. 3, en qualité, *lisez* en quantité.

Même page, *mettez* en alinea : On peut réduire, &c.

Additions.

Pag. 43, lig. 1, *ajoutez* & l'architecte de la salle du Palais Royal paraît vouloir perpétuer cette bonne méthode.

Pag. 58, à la derniere ligne, *ajoutez*, & le seront dans la nouvelle.

Page 69, ligne 12, *ajoutez la fin de la phraſe :* » D'ailleurs » plus une ſalle ſera élevée, plu » les balcons ſupérieurs, s'il » ſont ſur la même perpendicu » laire, formeront un effet ef » frayant, & ſembleront prêt » à tomber ſur le parterre, & » ſur les premieres loges, en pa » raiſſant déborder celles-ci.

Page 122, *après l'alinea* : l'o n'a rien dit dans cet ouvrage de expédiens à employer pour tire meilleur parti des lumieres. I ſuffit d'indiquer ici que les rever beres peuvent y contribuer beau coup. Quelques eſſais dévelope ront la maniere la plus avanta geuſe de les placer pour en tire les grands effets.

EXPOSITION

EXPOSITION DES PRINCIPES QU'ON DOIT SUIVRE DANS L'ORDONNANCE DES THEATRES MODERNES.

CHAPITRE PREMIER.

Origine de la forme ordinaire des salles à petits étages de loges placées perpendiculairement les unes sur les autres. Circonstances qui ont fait conserver cet usage dans plusieurs théatres en Europe : ses inconvéniens.

Si je faisais un traité complet de la construction des théatres, je donnerais une deſcription hiſtorique de ceux des anciens. Vitruve & les veſtiges que les antiquaires nous ont conſervés par la gravure, ou ſur les ruines même, ont appris à mes lecteurs la maniere dont ces monumens étaient conſtruits. Tous les plans des théatres anciens ſe reſſemblent, c'eſt toujours un amphithéâtre à degrés égaux de pierre ou de marbre, ſur un plan en demi-cercle terminé par un grand mur décoré; dans l'intervalle qui le ſépare du commencement des degrés, eſt l'eſpace qui forme le théatre proprement dit; trois ouvertures y facilitent le changement des décorations. J'étalerais un érudition inutile, ſi j'entrais dans d'autres détails. J'indiquerai dans la ſuite de cet ouvrage les rapports & les différences qu'il doit y avoir entre les théatres des anciens & les nôtres. Développons l'origine de ceux-ci, elle ne remontera gueres loin.

Les premiers jeux de la ſcene parurent dans les places publiques. Un ſimple échaffaud formé ſur des tréteaux, accompagné ordinairement d'un bâtis garni de tapiſſeries, était le lieu de l'action ; les ſpectateurs s'aſſemblaient autour de cette taverne, ſur le pavé ; ces amuſemens incommodes étaient aſſortis aux mœurs groſſieres du tems. L'amour, ou plutôt le beſoin des commodités qui croît à meſure qu'une nation ſe polit, a ſuivi en France ſa progreſſion naturelle ; le luxe s'eſt étendu principalement ſur nos plaiſirs. Nous avons voulu aſſiſter plus commodément aux repréſentations théatrales ; nous avons choiſi des endrois couverts &

fermés pour nous prémunir contre l'intempérie des saisons & les injures d'un climat beaucoup plus variable que celui des anciens peuples; nous nous sommes fixés dans de grands magasins, dans des jeux de paume, ou dans d'autres espaces vastes. On a formé autour des murs intérieurs, des appentis qu'on a divisés en plusieurs rangs de loges pour contenir le plus grand nombre de spectateurs qu'il serait possible dans ces lieux toujours longs & étroits ; & on n'a jamais conçû dans ces premiers tems, que c'était la plus mauvaise forme qu'on pût donner à une enceinte destinée aux spectacles. Ces différens étages de loges quarrées, placées perpendiculairement les unes sur les autres, étaient d'une construction prompte, facile, &

peu dispendieuse ; des chevrons debout, des traverses, & quelques planches formaient bientôt un compartiment, il est vrai, un peu ridicule, mais on sacrifiait le goût à l'avidité de jouir. Les pieces de théatre étaient burlesques & informes, les salles devaient donc être incommodes & grossieres.

Le goût de la nation pour les spectacles a résisté à tout, & a attendu patiemment le réveil du génie. Les architectes qui ont construit ensuite des salles à demeure, ont suivi servilement les mêmes dispositions; ils ont ajouté des ornemens pour les rendre moins désagréables & mais ils n'ont rien créé pour les rendre dignes de nos éloges.

Le recouvrement des anciens ouvrages, l'impulsion de nos

rois ont accéléré la renaiſſance des arts & des lettres. Dans nos contrées ſauvages nous avons careſſé le génie qui multiplioit nos amuſemens; nos drames ſe ſont perfectionnés, & notre ſcene a été enrichie, dans l'eſpace d'un ſiecle, des chef-d'œuvres de Corneille, de Moliere, de Racine, de Quinault & de Voltaire. Nous ſommes devenus plus délicats & plus difficiles. Nous avons demandé aux artiſtes des ſalles aſſez bien diſpoſées pour nous faire jouir, même dans les places éloignées, de toutes les beautés de détail. Nous aurions dû abandonner aux hiſtrions ambulans les petits étages des loges ſur le même front. Cette petite maniere eſt conforme à leurs petits jeux; nous aurions dû nous appercevoir que dans un grand ſpectacle, notre erreur était incommode, & que nous avions choiſi parmi toutes les diſpoſitions des places à ſiéges, la plus défavorable à la voix, à la vue & à la bonne décoration. L'uſage a prévalu contre le goût & contre notre commodité.

Les architectes qui ont conſtruit des ſalles particulieres pour de grands ſeigneurs, ont eu plus de liberté de s'écarter de la forme ordinaire; pluſieurs d'entr'eux y ont réuſſi. *Mercier*, en conſtruiſant la ſalle du palais royal, avait pratiqué un ſeul grand amphithéatre à petites banquettes. Cet amphithéatre était terminé dans ſon fond par un beau portique, & était accompagné ſur ſes côtés, de deux grands balcons qui ont été beaucoup critiqués par *Sauval*: je penſe qu'il n'y avait que le balcon d'en haut à blâmer; & les perſonnes qui en connaiſſent la diſpoſition, feront de mon avis. La ſalle des machines aux Thuileries avait également de très-bonnes parties ; mais ſon plafond applati & garni de caiſſons à vives-arêtes, n'était guères propre, d'une élévation auſſi conſidérable, à renvoyer la voix de l'acteur.

Le génie a ſecoué le joug de l'uſage dans pluſieurs contrées, & a inventé de grandes choſes dans les ſalles nouvelles qu'il a conſtruites en Allemagne ; mais les bons exemples ne triomphent pas tout à coup des mauvais uſages : on n'oſe pas imiter des beautés qu'on admire, & les ſalles de Paris ſont toujours défectueuſes. Parmi les architectes qui les ont conſtruites, les uns ont copié ſervilement la diſpoſition & les fautes de leurs prédéceſſeurs. Ils ont cru ſe juſtifier par l'exemple des artiſtes Italiens, & ils ont adopté par choix ce que ceux-ci avaient exécuté par contrainte. Les autres ont vu qu'ils ſacrifiaient la gloire de leur nom à la ſuperſtition de la coutume, mais ils n'ont pas oſé braver le public.

Le public eſt le juge des talens, il faut le reſpecter; il eſt auſſi la duppe des préjugés, & il faut l'éclairer; il faut le forcer à adopter un changement utile par une autorité prépondérante, ou par une incommodité réelle. Il ne faut pas le heurter; mais ne peut-on pas le détromper peu-à-peu? Expoſez-lui ſes erreurs, & il admettra vos innovations. Les architectes ont eſſayé ce moyen pour donner une nouvelle forme aux ſalles de ſpectacle ; ils ont ſubſtitué des barreaux légers aux lourdes cloiſons qui ſéparaient les loges, & ils ont enſuite ſupprimé ces barreaux. Les uns ont retranché les petits piliers de l'intervalle des loges & de la bordure du parterre ; d'autres ont retranché les troiſiemes loges ; d'autres ont ajuſté des parties rondes ſous les loges, & ſous la naiſſance du plafond ; d'autres ont arrondi le fond des ſalles, & pratiqué divers adouciſſemens qu'il ſerait inutile de détailler ici. Il faut convenir que nos artiſtes ont été obligés de ſe contenter de ces moyens acceſſoires, pour rendre les formes de nos théatres de Paris moins vicieuſes. On n'y a fait que des reſtaurations caſuelles ; & les architectes bornés par un emplacement étroit, n'ont pas pu changer la diſpoſition ; ils ont corrigé les difficultés les plus grossieres, mais ils n'ont pas pu enfanter des beautés originales. Les précautions industrieuses qu'ils ont prises, sont des dépendances des vrais principes; elles peuvent suffire à la commodité d'une petite salle; mais les grandes parties deviennent nécessaires dans les grands vaisseaux, & on les a constamment négligées. Il est certain qu'on ne les a jamais pratiquées dans toute leur étendue, & le public ignore jusqu'à quel degré de perfection on peut en porter l'application dans l'ordonnance des théatres: s'il savait ce qu'il peut attendre!

CHAPITRE II.

Principes généraux pour la disposition intérieure d'une salle de Spectacle.

LES principes auxquels doit s'assujettir l'architecte dans la disposition intérieure d'une salle de spectacle, ont quatre objets principaux.

1°. Il faut que le spectateur entende distinctement l'acteur de toutes les places qui ne sont pas au nombre de celles qu'on appelle *places de souffrance*.

2°. Il faut que le spectateur voie clairement le théatre.

3°. Il faut que la partie apparente des spectateurs forme avec les parties fixes du théâtre, un ensemble qui présente une perspective agréable, & qui ait un air de grandeur & de bonne décoration.

4°. Il faut que l'architecte observe les convenances relatives aux mœurs & au climat. Je développerai ces principes dans ce chapitre, & j'en ferai dans la suite l'application à chacune des principales parties d'une salle de spectacle. Sortons enfin du dédale des préjugés & du labyrinthe de l'intérêt personnel, & ne consultons que le goût.

Je dois rappeller au lecteur quelques principes d'acoustique pour traiter la partie du son. Le son est un trémoussement excité dans l'air, ou un autre milieu quelconque de ceux qui composent notre atmosphere, par les vibrations des corps sonores, par le choc des corps durs, ou par l'émission rapide du fluide en question par un canal étroit; il s'étend en forme de rayons dans un eſpace proportionné à ſa force; cet eſpace plus ou moins étendu, qui renferme la maſſe du ſon, a la forme d'une ſphéroïde, dont le centre eſt au point d'où part le trémouſſement. La force du ſon peut être augmentée ou diminuée dans les lieux de même étendue par la diſpoſition ou par la qualité des parties qui terminent ſon enceinte. Il eſt de petits endroits déſavorables au ſon, il y en a d'aſſez étendus qui lui ſont avantageux. L'augmentation de force que l'on peut donner au ſon par le ſeul moyen de ſes entours, ſe fait par la réaction de ſes rayons, c'eſt-à-dire par leur retour ſur eux-mêmes. Ce retour des rayons du ſon ſur leur maſſe ſe fait par répercuſſion, par réflexion, ou par circulation. De quelque maniere que se fasse cette rentrée des rayons du son, elle est toujours occasionnée par la rencontre des corps voisins qui l'arrêtent avant que ses ondulations soient finies, & font refluer ainsi sur elle-même toute la partie du mouvement qui se serait épuisée au-delà du point de rencontre dans un air libre. Tout le mouvement des particules du fluide qui est ébranlé, se fait alors dans un espace plus raccourci ; il devient plus accéléré, & par conséquent plus fort.

Cette augmentation de la force du son dans un même lieu, occasionnée par ses seuls entours, peut se faire par degrés. Pour qu'elle soit considérable, il faut former son enceinte de corps durs, & éviter les vuides. Voulez-vous la porter à ſon comble ? Que les corps qui inveſtiſſent ſon enceinte ſoient durs & ſonores ; qu'ils ſoient diſpoſés de maniere à rendre dans toute leur plénitude les vibrations dont ils ſont eux-mêmes ſuſceptibles. Voulez-vous diminuer la force du ſon dans un même lieu ? placez dans ſon pour-tour des corps mols qui puiſſent l'amortir, en abſorbant une partie de ſes rayons, comme l'éponge & le ſable engloutiſſent l'eau. Cette diminution ſerait plus ſenſible, ſi on choiſiſſait & ſi on multipliait les corps les plus mols & les plus abſorbans. On peut diſtinguer par conſéquent deux eſpeces de forces différentes dans le bloc du ſon : la force directe, & celle de retour. La force directe ne conſiſte pas ſeulement dans l'imiſſion des rayons directs qui parviennent à l'oreille; elle dépend principalement de l'union de ces rayons, qui s'appuient & ſe ſoutiennent mutuellement par leur cohéſion. Un fluide peſe & preſſe en tout ſens ; cette force directe du ſon eſt conſéquemment d'autant plus conſidérable que la continuité du fluide dans lequel elle agit, eſt moins interrompue, ſoit dans le fond du bloc, ſoit à ſes extrêmités. Il en eſt de même de la force à retour, elle eſt plus conſidérable ſi la continuité de ſes colonnes eſt plus conſtante.

Le plus grand effort du ſon peut être dirigé vers une partie d'un lieu plutôt que vers un autre, ſelon la figure des parois. Tout fluide mis en mouvement ſuit la direction des côtés du canal dans lequel il coule ; son plus grand effort se fait au centre. Voulez-vous l'augmenter ? Resserrez l'espace d'où part son action.

Les principales dispositions qu'on doit faire dans une salle de spectacle, relatives au son, se réduisent à éviter tout ce qui peut interrompre la continuité de la force directe de ses rayons, à ménager la plus grande surface possible des corps durs & sonores qui forment la force de retour, à leur donner la figure la plus favorable à la circulation, à la direction de ces sons sur les spectateurs, & à réduire au moindre espace possible les corps mols & absorbans qui doivent y être admis.

Les principes de l'optique nous prescrivent, comme les regles de l'acoustique, la situation des ſpectateurs. Les objets qui ſont en repréſentation doivent être vus diſtinctement & commodément ; ceux qui ſont placés ſur le théatre, doivent former aux yeux du ſpectateur un grand tableau, ſemblable à celui qu'offrirait une toile placée à l'ouverture, comme celle qui ſert de rideau, ſur laquelle ſeraient peints les mêmes objets qu'offre la ſcene, ſitués de la même maniere.

Il faut donc ſuivre, dans la repréſentation théatrale, les mêmes principes que dans la peinture : voici les exceptions de cette regle. Dans celle-ci, la hauteur du point de vue n'excede jamais que de très-peu le tiers de la hauteur du tableau, au lieu que dans la repréſentation théatrale, il eſt, relativement à l'acteur, à la hauteur de deux pieds $\frac{1}{2}$

ſur la toile du fond (il faut avoir égard au petit exhauſſement de ce fond) ; il eſt par conſéquent dans un plan horiſontal qui paſſerait par le milieu du corps d'un acteur qui ſerait ſur le devant.

Je fixe ainſi poſitivement la hauteur du point de vue. Sa ſituation relativement aux côtés doit l'être de même. Tandis que le peintre la décide du côté qu'il veut, le décorateur eſt obligé de la placer au milieu : 1°. parce que le peintre place le ſpectateur à ſon gré ; 2°. parce que le décorateur eſt forcé de diſpoſer ſes objets de maniere qu'ils ſoient vus dans différentes ſituations ; alors, pour éviter les raccourciſſemens & les allongemens trop conſidérables, il place ſon point de vue dans le centre.

Si on tire de ce point de vue quatre lignes, dont deux passent l'une sous les pieds, & l'autre sur la tête de l'acteur, & les deux autres par les bords de l'ouverture de théatre, en se prolongeant toutes les quatre au-delà; & que l'on conçoive un nombre indéfini de rayons, qui en partant du même centre, soient rassemblés dans l'enceinte d'une surface qui passe par les quatre points désignés, ils formeront un conoïde : c'est dans l'espace de ce conoïde que doivent être renfermés tous les rayons visuels des spectateurs; il faut donc les placer de maniere qu'ils ne soient pas gênés dans la direction de leur vue vers ce point. Le décorateur doit avoir soin qu'aucun corps opaque ne soit interposé dans le même espace entre l'œil du spectateur & la pointe du conoïde.

J'ai dit que deux des côtés de ce conoïde visuel, passaient par les bords de l'ouverture du théatre, & mon principe est incontestable; ils s'étendent au-delà dans la salle, & la base qu'ils renferment n'est déterminée que par les bornes de la salle même. J'ai ajouté que les deux autres côtés passent sous les pieds & sur la tête de l'acteur; le personnage est en effet l'objet principal dans une représentation théatrale; il faut donc qu'il ne soit vu, ni trop en dessous, ni trop en dessus : sans cette position, le trop grand raccourci, occasionné par une vue trop plongeante, ou trop en-dessous, le présenterait sous un aspect désagréable. Les raccourcis ne conviennent que sur les ciels ou sur les fonds, parce qu'alors le point de vue change accidentellement de ſituation. On voit qu'il y a un point de vue principal, joint à une infinité de perſpectives acceſſoires. En traçant les décorations, on les rapporte quelquefois à un point moins abaiſſé que celui que je viens d'établir comme le principal. Il ſerait inutile de détailler ici les points de vue particuliers : il ſuffit de connaître la ſituation de celui qui doit les dominer.

Le troiſieme objet qu'un artiſte doit ſe propoſer dans la diſtribution intérieure d'une ſalle de ſpectacle, eſt un bel enſemble. Rappellons encore les principes élémentaires des arts. Voulez-vous produire un bel effet ? employez de grandes parties. Les architectes habiles ménagent toujours un morceau dominant, accompagné de quelques parties acceſſoires qui ſe lient, & ne forment qu'un tout. Voilà la regle la plus marquée du choix de la belle nature que l'art doit imiter. Lorſque vous voyez des parties inégales, des objets déchiquetés, des accompagnemens monotones, de petites maſſes ſans liaiſon & ſans rapport, avancez hardiment que l'artiſte a manqué de goût. Trouvez-vous un tout formé d'une belle maſſe, de beaux détails, de la variété & des rapports, de la hardieſſe & des principes? admirez ſans crainte, vous voyez l'ouvrage du génie. Pour qu'un architecte renonçât à cette grande maniere dans l'emplacement des ſpectateurs, il faudrait qu'il la crût impraticable. Je ſçais qu'il ne faudrait pas ſacrifier des avantages plus eſſentiels à cette diſtribution, lorſque l'agréable nuirait

nuirait trop à l'utile ; mais il ne faut jamais les ſéparer quand on peut les allier.

Les principes que j'ai expoſés ſur ces trois objets ſont généralement reçus. Je vais en faire une application à un *auditoire* d'une forme très-ſimple ; je les appliquerai dans la ſuite de mon ouvrage à chacune des parties principales des lieux plus compoſés, & à l'uſage de la ſcene.

J'appelle *auditoire* d'une forme très-ſimple, celui où chaque ſpectateur ſerait placé ſur un ſiége en ligne droite en face de l'acteur, & où les ſiéges formeraient un amphithéatre. On peut partager cette diſpoſition en trois gradations. La maſſe des auditeurs préſente eſſentiellement une ſurface très-abſorbante pour le ſon : cet inconvénient pourrait être racheté par les maſſifs durs qu'on mettrait dans le pourtour de la ſalle. Si cette maſſe de ſpectateurs ne monte que juſqu'au lieu de l'élevation de la ſalle, ces murs dépouillés de tapiſſeries, & autres corps mols, renverront abondamment le ſon. Une ſeconde diſpoſition dans laquelle la gradation des ſpectateurs montant juſqu'aux deux tiers de la hauteur de la ſalle, laiſſerait encore un eſpace aſſez étendu pour le renvoi du ſon, ſur-tout ſi le fond du théatre était parfaitement plein. Ces deux diſpoſitions ſont favorables au ſon, elles ſont également avantageuſes à la vue qui n'eſt pas trop plongeante, elles laiſſent de l'eſpace pour une belle décoration du pourtour : la ſeconde eſt à-peu-près ſur le type des théatres anciens.

La troiſiéme diſpoſition ſerait celle où la gradation des ſpectateurs monterait juſqu'au haut de la ſalle & où l'eſpace du fond du théatre ſerait abſolument vuide. Cette diſpoſition ſerait vicieuſe, parce que les ſons n'y trouveraient aucun renvoi. Tous les ſpectateurs qui ſeraient au-delà des deux tiers de la hauteur du théatre, verraient d'une maniere trop plongeante ; mais au moins leur enſemble formerait un groupe d'un très-bel effet. Si au lieu de ſuivre la même gradation d'une extrêmité à l'autre, on plaçait les ſpectateurs ſur le pourtour, par petites parties découpées, accompagnées de reſſauts, cet aſſemblage formerait un tout déſagréable ; la facilité de la vue & le renvoi du ſon y deviendraient impoſſibles.

Il faut par conſéquent rejetter

cette diſpoſition ; il faut donc abattre nos ſalles de ſpectacle : elles ſont conſtruites ſur ce ſyſtême.

Si on a bien ſaiſi cette premiere application de mes principes, on comprendra aiſément mon ouvrage, car il en eſt le développement. Je crois devoir donner quelques idées générales de la convenance, avant que de déduire mes conſéquences.

La convenance relative au climat & aux mœurs, mérite l'attention des artiſtes ; dans un endroit ſur-tout deſtiné au ſpectacle. Les anciens peuples ſolemniſaient leurs jeux, tenaient leurs aſſemblées, & célébraient leurs fêtes dans les champs. La chaleur & la ſécchereſſe de leur pays comportaient cet uſage. Le climat froid & p'uvieux de nos contrées ſeptentrionales nous a obligés de couvrir les enceintes de la plupart de nos ſpectacles. Les gouvernemens anciens, où les arts ont fleuri, étaient preſque tous républicains; les aſſemblées des théatres y étaient compoſées de pluſieurs milliers de perſonnes. Il n'y avait qu'un théatre dans les villes les plus conſidérables, excepté dans les derniers âges de la république, à Rome; les jeux n'étaient pas aux frais des ſpectateurs, ils n'étaient pas ouverts pendant toute l'année. Nos états modernes ſont preſque tous monarchiques, ou mêlés d'ariſtocratie. Les repréſentations théatrales ont lieu da s tous les tems, & aux dépens des ſpectateurs. Il y a pluſieurs théatres dans les grandes villes. Nos aſſemblées doivent être par conſéquent moins nombreuſes que celles des anciens ; ils n'avaient point de place particuliere dans leurs jeux, ſi ce n'eſt celle des ſénateurs à Rome. L'égalité était empreinte ſur tous les établiſſemens. Nos loix de fiefs, & nos grands égards pour les femmes, nous ont fait admettre des places de diſtinction ; les riches ſe ſont donné enſuite les mêmes priviléges.

Les anciens, moins inſtruits que nous des regles de la peinture & des principes de la méchanique, ornaient le fond de leur théatre de quelques tableaux ſimples placés ſur les trois ouvertures de leur ſcene ; ils les aſſemblaient ſur un tambour triangulaire, appuyé ſur un pivot. Par ce moyen, ils pouvaient avoir trois changemens de décorations pour la tragédie, pour la comédie, & pour la paſtorale. Quelques ſavans prétendent qu'ils avaient des décorations à couliſſes. Si cela avait lieu, c'était très rarement. D'ailleurs, que pouvoit-on repréſenter à travers les ouvertures étroites dont j'ai parlé? Les anciens ne voulaient pas les aggrandir. Ils en avaient de fortes raiſons, ils étaient par conſéquent très-gênés. Les progrès des arts nous ont facilité les moyens de repréſenter les lieux mêmes d'une grande ſcene, avec les apparences du relief, quelquefois avec le relief même, & de former les changemens avec beaucoup de promptitude par le ſecours de nos couliſſes graduées, relativement à la perſpective, & des parties qui deſcendent des formes ſupérieures, ou qui montent du fond. Cet uſage exige beaucoup plus de profondeur dans nos théatres, & une conſtruction abſolument différente de celle des anciens.

Les anciens affectaient une prodigalité exceſſive au théatre; cette vaine magnificence était le prix du ſang des nations; évitons ce luxe ruineux & barbare, laiſſons-leur la prodigalité, & ſurpaſſons-les en délicateſſe. Nous pouvons admettre ſur nos théatres une magnificence noble & moins onéreuſe, & jouir d'une agréable illuſion, en admirant des chefs-d'œuvres.

Une belle ſalle moderne peut avoir pluſieurs avantages ſur les théatres anciens. La maſſe des ſpectateurs ſera moins impoſante chez nous, parce qu'elle eſt moins nombreuſe. Nous pouvons cependant nous dédommager de ce tumulte, en donnant à nos assemblées la noblesse & la grandeur dont cette perspective est susceptible.

Il est tems de déterminer les principales parties d'une salle de spectacle, relativement aux conditions essentielles qu'elle doit avoir. Je réduis ces parties à six chefs, 1°. son étendue; 2°. la forme & la matiere de ses couvertures; 3°. la forme de son pour-tour intérieur; 4°. la disposition des places; 5°. l'étendue & la forme du théatre; 6°. les accompagnemens & les dehors. J'examinerai successivement ces objets dans les chapitres suivans.

CHAPITRE III.

De l'étendue d'une ſalle de ſpectacle.

L'ETENDUE intérieure d'une ſalle de ſpectacle doit être fixée ſur l'ouverture qu'on peut donner au théatre, ſur la poſſibilité de conſtruire les ouvertures, ſur l'étendue de la voix, enfin ſur le nombre de perſonnes qu'on veut y raſſembler.

Une dimenſion de 13 ou 14 toiſes de diametre ſur un plan circulaire, ou de 13 ſur 15 ſur un plan elliptique, ou preſque demi-circulaire, eſt l'étendue la plus vaſte qu'on puiſſe donner à une grande ſalle ordinaire, où l'on veut pouvoir jouer la comédie, & donner des opéra. En effet, on fait toujours l'ouverture du théatre à-peu-près quarrée, pour pouvoir donner aux galeries imitées une proportion assez élevée. La largeur la plus considérable qu'on puisse lui donner pour un spectacle habituel, ne peut être que d'environ 50 pieds, parce qu'il n'est gueres possible de faire mouvoir aisément les chassis même entés, s'ils ont au-delà de 40 ou 42 pieds de longueur: or il resterait huit pieds pour les retombées du ciel ou des plafonds. Un théatre distribué en trois ouvertures, comme celui de saint Charles à Naples, ou celui du projet présenté par M. Cochin, donnerait le moyen de manœuvrer plus facilement dans cette étendue ; mais ce partage en trois scenes, si agréable dans certaines occasions, ne peut pas toujours convenir. On emploie alors volontiers la largeur entiere dans une ſeule ſcene; il faut par conſéquent diſpoſer la ſalle relativement à cette étendue. En ſuppoſant l'ouverture d'un théatre à 50 pieds, il reſtera ſur chaque côté environ deux toiſes à maſſif, juſqu'à la plus grande largeur de la ſalle. J'indiquerai l'uſage qu'on en doit faire dans les chapitres ſuivans. Cette dimenſion paraîtra peut-être un peu étendue pour l'arrangement des ouvertures; mais on pourrait encore y ajouter, & je dirai avec M. Cochin que les architectes qui ont examiné les ſalles d'Italie, & qui entendent bien la charpente, ſavent comment il faut conſtruire celle des grands vaiſſeaux. D'ailleurs, pourquoi ne ferait-on pas uſage des voûtes en briques? Elles ſe prêtent à des dimenſions plus vaſtes, & leur portée étonnera dans la ſuite, quand on aura connu par les effets juſqu'où elle peut aller, puiſqu'elles n'ont point ou preſque point de pouſſée.

la voix pénetre aiſément à 40 pieds de diſtance, lorſque l'acteur a un bon organe. S'il articule mal, il prononcera des ſons, non des paroles, & ne ſera pas entendu, même dans un eſpace étroit. Je ſuppoſe encore que le lieu eſt diſpoſé pour fortifier la voix au lieu de l'affaiblir : ſa portée ordinaire peut ſuffire dans une ſalle conſidérable, comme celle que j'ai déterminée. L'eſpace que j'ai déſigné peut contenir environ 2500 perſonnes ; on ne peut pas d'ordinaire en raſſembler un plus grand nombre, ſi le ſpectacle a lieu toute l'année, même dans les capitales. On peut donc ſe borner à cet eſpace pour les plus grandes ſalles publiques.

J'ai dit, en propoſant cette grande dimenſion, qu'il s'agiſſait d'un ſpectacle perſévérant & journalier. Si j'avais voulu aſſigner la poſſibilité de conſtruction, j'aurais pu former une enceinte couverte, capable de contenir plus de 4000 perſonnes; mais une ſalle qu'il faudrait réſerver pour des occaſions extraordinaires, ſerait d'une conſtruction fort diſpendieuſe, ſoit pour l'épaiſſeur des murs, ſoit pour les échantillons de charpente qu'on trouverait difficilement, ſoit relativement au théâtre même, qui exigerait une diſpoſition différente de celle de nos couliſſes ordinaires. D'ailleurs, il faudrait peut-être faire uſage des timbres des anciens, pour renforcer les ſons. Si les anciens revenaient ſur la terre, & qu'ils s'établiſſent dans nos climats; ſi en conſervant leur goût pour la ſomptuoſité dans les choſes publiques, ils s'aſſujettiſſaient uniquement à ce qu'exige notre température, la dépenſe d'un ſpectacle tel que je viens de le propoſer ne les effraierait pas; mais, je l'ai déja dit, les anciens étaient exceſſifs en ce genre. Quand nous aurons rempli la partie du goût, dans laquelle nous pouvons les ſurpaſſer, nous atteindrons peut-être au dernier période de magnificence, auquel il ſera raiſonnable d'aſpirer. Nous ſommes déja avancés vers le grand, vers le ſublime : on ne parvient que peu-à peu au plus haut degré de la perfection.

Si on peut conſtruire une ſalle

ordinaire dans la vaſte étendue que je viens d'indiquer, à plus forte raiſon le pourra-t-on dans un eſpace moins vaſte, en ſuivant les mêmes principes pour ſa diſpoſition.

J'ai eu égard à quatre objets principaux, en déterminant la dimenſion d'une grande ſalle; il me ſuffira d'en examiner deux pour fixer l'étendue d'une ſalle de moyenne grandeur, parce que la conſtruction ſera moins diſpendieuſe, & la voix moins contrainte dans un eſpace moins étendu. Je prouverai, en parlant du théatre proprement dit, que ſon ouverture ne peut gueres ſe fixer au-deſſous de 25 pieds. Sans cette dimenſion, le théatre ſerait trop étroit pour repréſenter les lieux imités. Le nombre des ſpectateurs qu'on voudra admettre décidera entre les 25 & les 50 pieds d'intervalle que nous avons à choiſir pour l'ouverture du théatre, à laquelle la ſalle doit toujours être proportionnée.

CHAPITRE IV.

De la forme & de la matiere des couvertures.

JE diſtingue deux ſortes de couvertures, l'intérieure & l'extérieure. Il me ſuffit, relativement à celle-ci, que la poſſibilité de ſa conſtruction ſoit prouvée par les dimenſions ſur leſquelles je me ſuis fixé ; les détails de cette conſtruction n'entrent pas dans mon objet. J'obſerverai cependant, relativement à la partie de couverture qui eſt au-deſſus du théatre, & qui n'eſt pas double, qu'elle doit être diſpoſée dans ſes aſſemblages, de maniere que les ouvriers y trouvent un paſſage commode. Le machiniſte doit régler en ceci le charpentier, s'il ne veut pas trouver pluſieurs doubles emplois dans les bois, & des embarras dangereux dans les mouvemens des hauts.

Il ne ſuffit pas que la couverture intérieure ſoit ſolide. Si on ſe contentait d'un plancher revêtu d'un plafond de toile peinte, on ne remplirait pas les conditions qu'exige la partie des ſons. 1°. Il faut éviter la toile; ce corps mol abſorbe les ſons. La matiere de ce plafond doit être dure; il ſerait avantageux qu'elle fût ſonore. Les voûtes & les enduits épais ſont bons, mais le bois vaut mieux. On ſent l'utilité de ce plafond dans la ſalle de l'opéra actuel. Il faut beaucoup de précautions pour en tirer l'effet qu'on peut en attendre ; ſon aſſemblage doit être fait & entretenu dans ſes joints avec le ſoin qu'on donne au coffre d'un vaiſſeau ; il doit être peu épais & vuide, la forme de ce plafond doit plutôt être courbe qu'aplatie. On comprend que la circulation du ſon y ſera plus libre, & que ſon action ſera plus raſſemblée ſur le bloc des ſpectateurs. Ce plafond doit envelopper l'eſpace qu'occupe l'acteur, de maniere qu'il s'étende 10 ou 12 pieds derriere lui, ſoit qu'on ait formé une avant-ſcene, ſoit qu'on ait placé l'acteur ſur un eſpace avancé qui en tienne lieu : alors cette partie du plafond qui ſera derriere lui, renverra la voix ſur les ſpectateurs ; ſans cela on en perdra une partie considérable dans les retombées du théatre. La bonne décoration exige que le plafond de la salle soit enrichi de peintures & d'ornemens agréables; on peut les faire à fresque sur une voûte, ou, au choix des artistes, sur le bois. Je préférerais une corniche peinte à une corniche en relief; si on en voulait une dans ce dernier genre, je formerais un seul membre plein d'un bout à l'autre, sur lequel je peindrais tous les détails d'une belle corniche : j'éviterais alors les inconvéniens d'une corniche réelle, relativement aux sons. Cependant, si toutes les parties en sont en bois, le sonore de leur matiere compensera ce que le cahotage de leur forme présenterait de moins avantageux aux sons.

*

CHAPITRE V.

De la forme du pourtour intérieur.

ON doit déterminer la forme du pourtour intérieur d'une ſalle, relativement aux ſons, à la vue, & à l'étendue du théatre. Il eſt peu de formes qu'on ne puiſſe admettre dans les petites ſalles, pourvu qu'elles ne ſoient pas trop étroites. Les ſpectateurs y ſont placés aſſez près de l'acteur, pour que les rayons directs de la voix ſuffiſent. Dans la conſtruction des grandes ſalles, il faut du choix dans les formes, pour conſerver les avantages du ſon & de la vue; il eſt abſolument néceſſaire d'en bannir les formes allongées ſur deux lignes droites presque paralleles, quand même elles seraient arrondies vers le fond, & évasées à leur naissance pour se rétrécir ensuite; les sons y sont trop & trop-tôt absorbés, sur-tout à leur départ, & leur circulation n'a plus lieu; la vue y est absolument interceptée, excepté dans les bouts en face, pour les seconds rangs des secondes loges & au-dessus, parce que ces loges présentent jusqu'au théatre des corps opaques entre le point de vue du fond de théatre, & même entre les rayons visuels qu'on pourrait tirer du devant du théatre à l'œil du spectateur, soit par le premier rang des personnes qui sont sur le devant, soit par leur appui, soit par leur masse; cette mauvaise disposition oblige le spectateur de se lever, de s'appuyer, & de se gêner, en incommodant les voiſins. Un appui pour le ſecond rang ne ſerait qu'un palliatif inſuffiſant pour remédier à cet inconvénient. D'ailleurs, dans cette ordonnance, les ſpectateurs ſont obligés de tourner la tête pour voir le théatre, & on peut éviter cette attitude gênante. Enfin les ſpectateurs qui ſont ſur les bouts pris du théatre, dominent trop ſur l'acteur ; les mouvemens de ſon viſage leur paraiſſent des convulſions, & le plaiſir de l'illuſion eſt abſolument perdu pour eux. Cette ruelle allongée a pluſieurs autres inconvéniens, & on doit abandonner cette forme auſſi contraire au goût qu'à la commodité, aux petits ſpectacles des foires : ce qui n'exclud point les changemens avantageux qu'on pourrait y faire.

Je ſais que la ligne droite, un peu étendue, peut ſervir utilement aux architectes pour placer de belles parties, & qu'à la rigueur avec le ſecours d'une fauſſe avant-ſcene, priſe depuis les places inférieures, & par le départ de la gradation en retraite, dont je parlerai, on pourrait encore employer des lignes droites entieres dans une ſalle médiocre; mais cette fauſſe avant-ſcene a auſſi ſes inconvéniens, & il eſt plus sûr de ſe ſervir des lignes courbes dans les grands vaiſſeaux.

Plus une ſalle eſt grande, plus la forme de ſon pourtour intérieur doit approcher de la ligne circulaire, parce qu'il eſt très-important de donner de l'égalité aux rayons directs de la voix, de faciliter leur circulation, & d'empêcher qu'elle ne ſoit tait absorbée à son départ. D'ailleurs, puisque les bornes de la vue sont renfermées dans l'angle visuel que forment deux lignes droites tirées du milieu du fond du théatre par les bords de son ouverture, en les terminant à quelque distance du théatre par une portion circulaire du courbe qui y ait rapport, on profitera de toute leur divergence; la vue de tous les spectateurs placés sur cette partie, sera presqu'égale, & l'on sera moins exposé à l'inconvénient des corps opaques, dont l'interposition peut nuire aux seconds rangs.

Les anciens employaient toujours la forme demi-circulaire dans leurs amphithéatres, elle était fort avantageuse dans les lieux vastes & découverts; mais on peut admettre différentes formes pour le pourtour des ſalles des modernes. On peut adopter le cercle, l'ellipſe, dont le grand diametre ſoit ſur le travers, au lieu d'être perpendiculaire au théâtre, le demi-cercle, la demi-ellipſe peu allongée, la figure du ſoufflet ou de la poire ſans étranglement, c'eſt-à-dire, de deux petites lignes droites qui vont en s'évaſant, terminées par une grande portion circulaire, ou par d'autres formes du même genre.

Les Italiens n'étaient pas gênés ſur cette partie de leur théatre par leurs mœurs, & ils l'ont bien traitée. Je ne connais que la ſalle de Milan, où l'on ait conſervé la forme longue & les lignes droites; dans toutes les autres, on a employé les formes dont je viens de parler, & ſur-tout celle de l'ellipſe & du ſoufflet: c'eſt ſur cette derniere forme que ſont conſtruites ordinairement les ſalles Anglaiſes. Pour profiter de tous ces avantages, il faut que les deux lignes droites qui partent en s'évaſant depuis le théatre, faſſent partie de l'avant-ſcéne, ou qu'elles en tiennent lieu; c'eſt-à-dire, qu'il eſt néceſſaire que les deux côtés de la ſalle, juſqu'à la partie circulaire, ne ſoient pas gênés de ſpectateurs, du moins au-deſſus du premier rang des loges. Ils doivent être nuds, & ornés ſeulement des membres d'architecture dont on peut les décorer. Sans cette diſpoſition, on perdrait l'avantage principal de cette forme, l'augmentation du ſon, & la direction de ſa principale force ſur les auditeurs, en le faiſant paſſer par un canal plus étroit, pour qu'il ſe déploye dans un eſpace plus évaſé. La vue en souffrirait également, on retomberait en effet dans l'inconvénient des lignes droites pour les loges, qui est de couper les rayons visuels par des corps opaques.

M. Damun, architecte de Mgr le prince de Conti, a employé cette forme dans le modele de salle qu'il a fait exécuter, & qui est dans les bons principes; il a eu soin de dégarnir les deux parties dont je viens de parler. M. Dumont a suivi la même méthode dans le projet gravé qu'il a inséré dans son recueil des salles d'Italie. Le contour de cette forme du soufflet est moins agréable sans doute que les autres que j'ai indiquées, & se prête plus difficilement à un bon goût de décoration; il faut du génie & du travail pour sauver l'irrégularité de son entirée en la couvrant, ou plutôt en l'enrichiſſant de quelque partie d'architecture bien compoſée ; les autres figures ſont régulieres & gracieuſes par elles-mêmes.

Le conſtructeur d'une ſalle trouvera dans toutes ces formes les principaux avantages qu'il peut deſirer pour la circulation des ſons, & la facilité de la vue. Après en avoir adopté une, quelle qu'elle ſoit, il doit y ajouter une avant-ſcéne ou une partie qui en tienne lieu. J'appelle une véritable avant ſcene, une avance ſur le devant du théatre, accompagnée de maſſifs ſur les côtés de ſon ouverture, indépendans des loges ; j'appelle fauſſe avant ſcene une ſimple avance du théatre ſans accompagnement. Une avant-ſcene complette eſt un des moyens les plus sûrs de donner au ſon toute l'étendue dont il eſt ſuſceptible ; c'eſt pour cette raiſon que dans le chapitre précédent j'étendais le plafond ſur cette avant-ſcene. En effet, puiſqu'il faut des ſurfaces dures pour renforcer les ſons, & que ces ſurfaces peuvent être placées plus commodément & avec plus d'effet en avant-ſcene que par-tout ailleurs, il faut donc y ménager leur emplacement ; celui-ci ſe trouve naturellement dans les formes du cercle & de l'ellipſe ; dans celle du ſoufflet ou de la poire, les deux lignes droites peuvent encore le fournir ou lui ſuppléer. Pour l'avoir dans le demi-cercle & dans le demi-ovale, il faut que leur diametre ne ſoit pas pris ſur l'ouverture du théatre, mais qu'il l'excede d'environ deux toiſes de chaque côté. Cet excédent exiſtera toujours ſi on ne commence la courbe de la ſalle qu'après avoir un peu prolongé les deux rayons viſuels qui partent du centre du théatre au-delà des bords de ſon ouverture qu'ils doivent toucher. L'eſpace qui reſtera entre le bord du théatre & le point du contact de la courbe, ſur le côté de ce prolongement, peut être une continuation de la même courbe, comme dans le cercle & l'ovale. Dans toutes les formes & dans tous les cas, cet eſpace doit reſter vuide. D'ailleurs la vue de ceux qui y ſeraient placés plongerait trop ſur le théatre, & on ne verrait l'acteur que par derriere ; cet excédent qui reſtera dégarni doit tenir lieu du mur décoré de la ſcene des anciens. Son effet ſera beaucoup moins conſidérable ; mais puiſque dans une ſalle couverte, ce ne ſera pas le ſeul maſſif de renvoi des ſons, & que l'eſpace ne ſera pas d'une auſſi vaſte étendue, cet effet ſera ſuffiſant, quand même on ouvrirait le théatre en trois ſcenes au lieu d'une. Je prouverai encore l'utilité de ménager une avant-ſcene, quand je parlerai du théatre proprement dit.

CHAPITRE VI.

De la diſpoſition des places des ſpectateurs.

L'EMPLACEMENT des ſpectateurs eſt l'objet le plus important que doit ſe propoſer un architecte dans la diſpoſition des grandes ſalles. Il eſt relatif aux principes généraux que j'ai exposés dans le troiſieme chapitre.

La discussion du choix qu'on peut faire exige un détail fort considérable : je distingue dans les salles deux especes principales de places, les inférieures & les supérieures ; les places inférieures renferment toutes celles qui sont établies sur le plancher inférieur du lieu, & les supérieures comprennent celles qui sont au-dessus.

Les Grecs ne connaissaient pas les places inférieures. Les Romains placerent les siéges des sénateurs dans l'enceinte du milieu, à laquelle ils conserverent le nom d'orchestre. Il serait inutile d'expliquer l'étymologie de ce mot, & d'entrer dans le détail du premier usage qu'on avait fait de l'espace auquel il était appliqué. Dans les salles modernes, les places inférieures comprennent l'orchestre affecté aux muſiciens, le parquet qui en eſt une ſuite, & le parterre. Ces trois eſpeces de places ſe diſpoſent aiſément. Souvenez-vous de l'uſage qu'on en fait, & vous remplirez toutes les regles de leur diſpoſition. M. Rouſſeau de Geneve a obſervé que nos orcheſtres devraient être ſonores comme ceux d'Italie. Il faudrait, pour les rendre tels, les iſoler, les garnir du côté du parquet d'une double cloiſon, dont le milieu fût vuide, & joindre leurs aſſemblages auſſi exactement que les corps d'un inſtrument ; il faudrait enfin que les ſiéges des muſiciens ne les touchaſſent pas. Ces diſpoſitions avaient été habilement pratiquées dans la ſalle de ſpectacle que l'on avait paſſagerement conſtruite dans le manege des grandes écuries à Verſailles. Je n'ajoute rien aux préceptes lumineux de ce philosophe : son jugement est une regle.

Le parquet & le parterre doivent être situés de maniere que la tête des spectateurs qui sont sur le devant ne domine pas sur le niveau du bord du théatre ; sans cette précaution, ils nuiraient à la vue de ceux qui sont sur les derrieres, malgré l'élevation graduelle qu'on a soin d'y observer Il faut absolument supprimer les piliers en dessous des premieres loges, sur-tout sur la bordure du parterre ; ces piliers interceptent considérablement la vue dans ces espaces où l'on est très-serré. Il est fort aisé de faire porter solidement en l'air chaque rang de loges quand on construit une salle exprès. Si on ne peut les retrancher, il vaut mieux les faire de ſer que de bois, parce qu'ils ſont plus petits. On a ſuivi cette méthode à la comédie Françaiſe de Paris. Les places ſupérieures des théatres anciens étaient unies en un grand amphithéatre à degrés égaux de pierre ou de marbre, ſur un plan demi-circulaire. Nous avons vu qu'on plaçait quelquefois au-deſſus du dernier degré une galerie en colonnade de la même forme ; ſouvent on terminait cet amphithéatre par une ceinture de murs très-liſſés, qui dominaient de 2 ou 3 toiſes ſur la tête des ſpectateurs des rangs les plus exhauſſés.

Les modernes ont ſubſtitué un arrangement mixte à ces amphithéatres pour leurs places ſupérieures. Ils en ont deſtiné le centre à la ſuite du parterre pour un petit amphithéatre à banquettes graduées, & ils ont formé dans le pourtour un corps de loges à différens étages. Le petit amphithéatre eſt une des parties les plus avantageuſes de leurs ſalles, elle eſt indépendante des autres, on peut la ſupprimer pour aggrandir le parterre, ou pour en faire un parquet à banquettes ; ſa ſimplicité comporte toutes les formes quand on veut en faire uſage. Je ne m'étends pas plus long-tems ſur cet article, je m'arrête au corps des loges, ſur lequel roule la différence entre le ſyſtême d'arrangement des anciens & des modernes.

C'eſt ici le lieu d'examiner ſans partialité les avantages & les inconvéniens de ces deux méthodes. Ne pourrait-on pas imaginer une ordonnance qui réunît les meilleures parties, &

qui conſervât leurs beautés ſans s'aſſujettir à leur défauts? Pour ſuivre cette comparaiſon, il faut ſe rappeller ce que j'ai dit dans le chapitre IV, ſur les principes qui doivent ſervir à juger ſi un lieu deſtiné à la ſcene, eſt diſpoſé convenablement à tous égards. J'ai exigé quatre principales conditions: des ſurfaces de renvoi pour les ſons, un champ libre pour la vue, une grande maſſe & de belles parties dans la décoration générale de l'aſſemblée, enfin, les convenances relatives aux mœurs.

J'ai déja obſervé que les anciens avaient ces avantages dans leur amphithéatre. Les deux derniers objets, c'eſt-à-dire l'égalité des rangs qu'ils affectaient, & l'enſemble magnifique de l'aſſemblée, y étaient très bien remplies. Les deux premiers y étaient portés aussi au plus haut période, eu égard à la vaste étendue de leur théatre; mais les amateurs des représentations dramatiques devaient-ils être satisfaits? Je ne le présume pas. En effet, quoiqu'on ne pût rien ajouter pour les sons au mur du côté de la scene, à la ceinture ou à la galerie du haut des degrés, & aux vaisseaux résonans dont on faisait quelquefois usage, cependant ces sons ne parvenaient pas toujours à l'oreille du spectateur, assez pleins & assez distincts, pour qu'il ne perdît rien de leur articulation. On peut dire la même chose de la vue : rien ne la gênait, mais elle était trop éloignée pour la plûpart des spectateurs. Les objets placés sur le théatre paraissaient petits, les caracteres des passions dans les personnages étaient par conſéquent trop peu ſenſibles pour faire une impreſſion bien marquée ; il ne faut point d'excès à cet égard : cette vaſte étendue des théatres qui paraît ſi merveilleuſe aux enthouſiaſtes de l'antiquité, était un défaut relativement à la tragédie & à la comédie, auxquelles ils étaient deſtinés ; ils contenaient trop de monde pour que chacun pût jouir parfaitement de tout le plaiſir de ce genre de repréſentation. Les aſſemblées ſi nombreuſes ne convenaient qu'au cirque ou à l'hipodrome, où le genre du ſpectacle exigeait une vaſte étendue, & ſe prêtait au lointain. Les théatres anciens auraient dû être moins grands, & c'eſt le ſeul reproche qu'on puiſſe leur faire.

Examinons avec la même ſévérité nos théatres modernes.

Le pêle-mêle des places des anciens se serait mal accommodé avec les mœurs de l'Europe. C'est pour cela que le théatre de Palladio à Vicence, & celui de Parme, qui sont des copies de l'antique, ont été peu fréquentés. On a sacrifié leurs avantages, & on n'a plus imité cette construction. Nos loges remplissent les convenances pour la distinction & le choix des places, par la plus grande commodité des siéges, ne fût-ce que relativement à la propreté des habits ; leur disposition remplit mal les trois autres conditions nécessaires à une salle. Les avantages dont je viens de parler sont communs à tous les arrangemens des loges ; les inconvéniens ne le sont pas, on ne les rencontre que dans quelques manieres de disposer ces loges.

Il faut donc préférer la meilleure maniere pour éviter ces défauts. J'ai déja présenté, comme de l'espece la plus vicieuse, l'assemblage le plus usité, c'est-à-dire celui des loges à petits étages, placés perpendiculairement les uns sur les autres, je vais en développer les défauts.

Ces petits étages de loges montent jusqu'au haut de la salle, il ne reste plus de surface libre pour renvoyer les sons, sur-tout s'ils s'étendent jusqu'au théatre, & qu'il n'y ait point d'avant-scene. La circulation des sons est successivement gênée par les cahotages des dessous des loges: leur force de retour n'y a plus lieu. Les sons trouvent par-tout des corps absorbans qui les amortissent : par-là leur force directe est très-affaiblie. Le volume total du son qu'on peut augmenter y eſt donc conſidérablement diminué.

La vue n'eſt pas mieux traitée dans ces petits étages, lorſque les loges ſont ſur un plan oblong & à lignes droites; j'ai combattu dans le chapitre précédent les vices de cette forme. Quand même on choiſirait la meilleure pour le pourtour d'une ſalle, la vue ſera toujours précipitée dans les étages ſupérieurs, dans tout arrangement où ces rangs ſeront les uns ſur les autres. En effet la vue, qui ne rencontre point ſur ſa route des corps intermédiaires placés par gradation, ſur leſquels elle puiſſe ſe repoſer, tombe trop bruſquement ſur le parterre & ſur le théatre; le vuide qu'elle parcourt eſt trop profond, & cauſe même ſouvent une ſenſation d'effroi.

La décoration générale de la ſalle ſouffre beaucoup de ces petits étages perpendiculaires, les différentes maſſes des ſpectateurs n'étant pas liées, & tout le pourtour étant découpé en petites parties égales qui reſſemblent aux étages de nos halles, ou a d'autres aſſemblages plus ignobles, comme ceux des cages à poulets. D'ailleurs, il n'y a aucun eſpace libre qui puiſſe offrir quelque bonne partie d'architecture. On ne retrouve ni la belle maſſe des aſſemblées des anciens, ni un autre enſemble, dont l'aſpect ait l'air de grandeur qui lui convient. Cette méthode eſt donc contraire à la plûpart des conditions eſſentielles des ſalles.

J'ai déja dit qu'on pourrait adoucir ces défauts, en ſupprimant les piliers & les barreaux de séparation, pour ne former que des balcons bourgeois, ou en arrondissant le dessous des loges. On peut pallier par ce moyen les inconvéniens d'une petite salle; il s'agit ici des grands vaisseaux, où ces remedes sont très-insuffisans, parce que les travées obscures, les petites parties égales, les cahotages & les ressauts y subsistent toujours. Examinons à présent s'il existe un systême dans lequel on puisse conserver les avantages des loges & de l'amphithéatre, & éviter leurs inconvéniens; il semble que ce sera celui qui réunira les détails commodes des premieres, & la masse générale du second. L'artiste qui sait s'élever au-dessus de l'usage, résoudra facilement ce problême. Il ne s'agit que de disposer ses différens rangs de loges par retraite, les uns derriére les autres, & par gradation, au lieu de les aſſembler perpendiculairement.

Je ne donnerai pas à ce projet le mérite d'une nouveauté abſolue. Il perdrait peut-être ſon prix auprès de ces perſonnes qui ne jugent l'effet d'une choſe comme certain, que lorſqu'elles en connaiſſent l'exécution. Cette idée a été déja en partie exécutée dans la ſalle de Lyon, par M. Soufflot, dans celle du concert ſpirituel aux Thuileries, & dans celle de S. Cloud par feu M. Slodz. On commence à adopter cette méthode en Italie, & on l'a ſuivie dans la nouvelle ſalle de Bologne : elle ſe répandra bientôt univerſellement. On eſt donc déja aſſuré du mérite de ſes effets ; je vais développer ſa marche.

La diſpoſition des loges par retraite peut ſe faire de trois manieres principales : 1°. par demi retraite, & de la hauteur ordinaire de nos étages ; c'eſt-à-dire, quand cette retraite n'eſt que de la valeur d'une rangée, ou de la moitié de la profondeur d'une loge. On a ſuivi cette maniere à Lyon, & au concert ſpirituel. On m'a aſſuré qu'on la trouvait encore dans la ſalle neuve de Breſt. 2°. Par retraite entiere, & à la hauteur de celles dont je viens de parler, comme on l'a fait à S. Cloud. 3°. Par retraite entiere, mais à une moindre hauteur, telle à-peu-près que l'exige la gradation de l'amphithéatre. Il faut alors ſupprimer les corridors, & leur ſubſtituer de ſimples ceintures de ſéparation plus étroites, pour arriver à chaque loge. Cette troisieme disposition domine dans le modele de M. Damun, & dans la salle de Bologne. Quand on se sert de l'une de ces deux premieres méthodes, il ne faut pas faire quatre rangs de loges. Il faut avoir soin de se ménager un peu de hauteur derriere le second rang des troisiemes. S'il ne restait dans les hauts que la naissance du plafond, cet espace ne suffirait pas à une grande salle.

La troisieme disposition est la plus avantageuse pour la décoration, pour la vue, & pour les sons, parce que le corps principal des loges ayant beaucoup moins d'élévation, il restera au-dessus une surface vuide plus étendue, qui sera d'une très-grande utilité pour les trois parties. Au reste, on peut entremêler ces trois manieres de loges

ges à retraite, comme on le jugera convenable ; cette variété donne de l'agrément à la distribution ; elles se prêtent à toutes les formes des pourtours, & elles corrigent souvent leurs inconvéniens. L'architecte aura encore la liberté de former un étage à trois rangs ou plus de banquettes ; il faut qu'il soit attentif à placer sur celles des devants pour les dames, des dosserets amovibles, sur lesquels elles puissent s'appuyer : il n'y a aucun inconvénient à enrichir plus le premier étage que les autres, si le corps des loges est peu élevé ; le fond de la salle peut être disposé magnifiquement par une suite de statues d'une matiere légere, par un ordre d'architecture ajusté avec elles, par une galerie réelle, dont les colonnes nuiraient peu dans un plan circulaire ou à-peu-près, comme ceux que j'ai exposés dans le chapitre précédent. MM. Damun & Dumont en ont placés dans leurs projets. Cette nouveauté prouve que le génie de nos architectes se porte, même à l'égard des théatres, vers cette partie du goût grec dont ils ont fait un si bon usage dans d'autres édifices. On pourrait encore employer des colonnes de fer cannelées à jour, elles tiendraient lieu des loges grillées; ce fond fournirait l'emplacement des loges à l'année, ou de réserve qu'on place ordinairement dans les hauts. Enfin on trouverait dans le pourtour supérieur une excellente ressource pour les occasions de foule. M. Cochin a desiré dans son projet l'aggrandissement de la salle, pour y trouver dans le beſoin deux étages entiers de loges qui ſeraient ordinairement fermées par des couliſſes bien ajuſtées. Il eſt vrai qu'alors la réſerve journaliere de ſurface pour les ſons ſerait ſacrifiée, mais dans ces occaſions on irait au plus preſſé en ſatisfaiſant l'empreſſement du public pour les nouveautés, & on rendrait enſuite aux amateurs les moyens de jouir parfaitement des beautés les plus attrayantes du ſpectacle; on pourrait encore ſe ſervir, dans les occaſions de preſſe, des paſſages qui tiendraient lieu de corridors par le moyen des banquettes de bois attachées par des couplets ſur les devants des loges, & qui porteraient ſur des verges de fer quand on les releverait pour s'y aſſeoir. Je ne m'étendrai pas plus long-tems ſur ces combinaiſons, dont les rapports & l'exécution ſont également faciles. On a dit que pluſieurs de ces formes avaient déja été exécutées, on peut ajouter que d'autres le feront dans peu, dans le nouveau théâtre que l'on conſtruit à Verſailles ſous les ordres de M. le Marquis de Marigny, de la compoſition & ſous l'inſpection de M. Gabriel. On verra encore des nouveautés utiles dans ce genre à Paris même, ſi on ſuit les projets de quelques architectes qui m'ont paru contenir des penſées très-heureuſes. Nous ſommes dans un de ces inſtans favorables, où le goût préſide à l'adminiſtration des arts, & où par conſéquent ils peuvent produire des chefs-d'œuvres, s'ils ne ſont pas gênés par les autorités intermédiaires. L'homme de goût qui examinera cette ordonnance, verra qu'elle remplit toutes les conditions du problême ; qu'elle reproduit, & même qu'elle augmente les avantages des théatres anciens, sans exposer à aucun inconvénient ; il verra que les sons y sont bien recueillis, & que leur force y est bien assemblée, puisque la partie qui va frapper le plafond & les surfaces du pourtour supérieur, retombe directement sur le bloc des spectateurs sans ces cahotages qui interrompent sa continuité & affaiblissent son effort ; il reconnaîtra que la vue n'y est ni bornée, ni contrainte, ni plongeante; que non-seulement on découvre presque de toutes les places le milieu du fond du théatre, mais encore toute l'assemblée qui eſt une partie eſſentielle du ſpectacle ; il s'appercevra qu'on a banni les deux rangs cachés dans l'obſcurité, que tout le monde voit & eſt vu, excepté dans les loges de réſerve, où on verra ſans être vu ; qu'on ne trouve plus ou très-peu de ces travées obſcures, & égales qui décorent ſi mal, ni de ces petites planches qu'on craint toujours de heurter : il ſentira que toute l'aſſemblée forme un tout majeſtueux, dont le pourtour laiſſe de l'eſpace pour une magnifique décoration ; que toutes les diſtinctions imaginables peuvent y être admiſes, ainſi que les réſerves & les expédiens, pour la commodité des dames & des différens rangs des ſpectateurs. Voilà le fond du goût antique, & tous les objets d'utilité & d'agrément qu'on peut desirer dans nos salles.

Je me suis contenté de donner le profil des trois principales manieres de former les loges à retraite, & ce développement a dû me suffire pour expliquer clairement le fond de cette méthode. J'aurais pu donner un projet particulier avec tous ses détails, mais l'objet de mon ouvrage n'était pas de faire valoir une composition dont j'aurais pu me faire honneur. Je me suis proposé seulement de devoiler les raisons qui doivent déterminer un artiste pour le choix d'une ordonnance plutôt que d'une autre, & je ne me suis pas permis d'autres considérations. J'ai voulu laisser aux architectes le plaisir de péser les idées générales, de se convaincre de leur ſolidité, & enfin l'avantage de ſe les approprier ; ils pourront les appliquer à des projets dont ils rempliront les détails, ſuivant l'impulſion de leur génie, & par ce moyen ils pourront créer des choſes neuves, ſans craindre de s'écarter des principes.

Examinons à préſent les objections qu'on peut propoſer contre les loges à retraite. On dira d'abord que les perſonnes des premieres loges ne seront pas bien-aiſes d'être vues par les ſpectateurs des ſecondes & des troiſiemes loges, & que celles-ci ſeront fâchées d'être reculées; qu'il y aura des difficultés pour les loges à l'année; qu'on peut rendre une ſalle ſonore ſans ces précautions, & que cette nouvelle ordonnance peut être ſujette à pluſieurs inconvéniens, principalement à l'écho ; qu'une ſalle en loges à retraite étant beaucoup plus étendue, le ſon y ſera plus affaibli ; enfin que les Italiens, qui font quelquefois ſept rangs de loges perpendiculaires, prouvent par leur exemple que nous devons conſerver les nôtres. Je réponds ſans délai à ces difficultés. 1°. On eſt vu au concert ſpirituel & ailleurs, aux premieres loges, par les perſonnes qui ſont dans les ſecondes : s'en plaint-on ? Mais obſervons avec M. Cochin, qu'il y a moins d'inconvénient à cela qu'à être vu en face du parterre. 2°. La reculée des ſecondes & troiſiemes loges ſera trop peu conſidérable pour produire un effet ſenſible. D'ailleurs on peut les ménager de maniere que les troiſiemes ne ſoient pas plus éloignées que celles du rond point de la comédie Françaiſe. 3°. Les reſſources pour les loges à l'année peuvent être plus abondantes, parce qu'on a plus de moyens de les multiplier. 4°. Le danger d'être trop ſonore ne peut preſque jamais exiſter dans une ſalle lorſqu'elle eſt grande. La maſſe des ſpectateurs ſuffira toujours pour abſorber la partie ſurabondante des ſons : d'ailleurs il n'y a point d'endroit aſſez éloigné pour occaſionner par un tems convenable, entre la premiere émiſſion du ſon & ſon retour, la cacophonie de l'écho. L'expérience prouve que les ſons directs ſuffiſent rarement dans un grand théatre ; il eſt étonnant que nous prenions des moyens pour affaiblir les ſons, tandis que les anciens multipliaient tous les expédiens propres à les augmenter. On pourrait condamner dans nos ſalles l'uſage de leur vaiſſeaux réſonnans, qui ne conviendraient point dans des endroits d'une grandeur médiocre, comme on l'a éprouvé à Rome dans une petite égliſe, où on en avait placés, & qu'on a ôtés dans la ſuite. Une ſalle de ſpectacle ne peut donc preſque jamais être trop ſonore : la différence qu'il y aura entre celle qui ſera ſonore, & celle qui ſera ſourde, c'eſt que dans la premiere l'acteur & le muſicien n'auront pas beſoin de forcer la voix ou les inſtrumens. Les ſons les plus doux ſeront entendus diſtinctement, & formeront avec les plus aigus une gradation agréable comme les échelles des nuances forment des ſuites bien marquées dans les couleurs. Les chœurs & les autres parties d'harmonie se dessineront clairement, comme les différens plans d'un bel horison; ils se suivront ou se trancheront dans leurs teintes au gré du compositeur. Ces effets sont bien marqués au concert spirituel, & dans la chapelle de Versailles. Dans un lieu sourd il faut que les acteurs crient, & que les instrumens fassent beaucoup de bruit; ce n'est pas là de la musique, suivant M. Rousseau. On peut ajouter que les sons articulés de la parole ressemblent beaucoup à ceux des instrumens à cordes. Ceux-ci seraient beaucoup plus faibles & moins agréables, s'ils n'étaient pas soutenus par le corps d'un bon instrument. La parole fait aussi souvent un effet trop peu sensible, si elle n'est recueillie par des entours favorables. Son articulation se fond, & il ne reste que des sons indéfinis, moins gracieux qu'elle pour les spectateurs qui ne sont pas partisans de la seule simphonie : il est aisé de sentir que le prétendu affaiblissement du son qu'on nous objecte n'existe pas, parce qu'une salle garnie de loges à retraite est un peu plus évasée en s'élevant que dans le systême des loges ordinaires ; en effet les sons ayant autant de force en montant qu'en s'étendant ou en descendant, une partie de leurs cônes se trouvant plus libre à mesure qu'ils s'éleveront, quoiqu'ils soient un peu prolongés, n'en auront pas moins de force dans leur réaction sur la masse, parce qu'ils seront plus soutenus par le voisinage des surfaces réfléchissantes, qui renverront entierement les autres cônes appuyés directement ſur eux.

L'autorité des Italiens, qu'on reclame pour juſtifier les loges perpendiculaires, ne prouve que l'excès de notre admiration. J'ai déja dit dans l'hiſtoire de l'origine de cet uſage ridicule, que les Italiens avaient été obligés de l'adopter par un goût particulier de leur nation. Je rappellerai à cette occaſion quelques détails que j'ai diſcutés dans l'avant-coureur. Les Italiens veulent garder l'*incognito*, même en public, & voir tout ſans être vus ; pendant une partie de l'année, ils vont en maſque dans les rues ; ils louent quelquefois de petits réduits ſur les places publiques, comme à Veniſe ; ils veulent également être pour ainſi dire chez eux au ſpectacle ; les loges y ſont fermées de tout côté, & ſouvent même ſur le devant, par des jalouſies ; les architectes ne peuvent conſtruire ces étages de petites caiſſes ſuſpendues, qu'en les élevant perpendiculairement : il faut donc qu'ils s'aſſujettiſſent à cet abus, lors même qu'ils le condamnent. Les mœurs du reſte de l'Europe ſur cet objet ſont abſolument différentes ; on aime autant à être vu qu'à voir. D'ailleurs, les Italiens n'ont pas un ſpectacle habituel & journalier comme nous, & ils les fréquentent avec une eſpece de fureur quand ils ſont ouverts. La diſpoſition qui fournit la plus grande quantité de petites loges fermées, leur paraît la plus avantageuſe ; ils ne s'embarraſſent pas ſi les ſeconds rangs ſont incommodes ou perdus, ils ne veulent qu'être iſolés & renfermés dans leurs cages ; ils paſſent cinq ou ſix heures de ſuite au ſpectacle pour y avoir quelques minutes de plaiſir, car ils n'écoutent que les ariettes. Ils ſe condamnent pendant quelques inſtans à un ſilence très-ſévere pour écouter un virtuoſe fameux, dont la voix eſt plus perçante qu'une belle taille ou une haute-contre qui déclame au lieu de chanter, & qui ne produit pas tout ſon effet. Nous paſſons la moitié moins de tems au théâtre, nous aimons à entendre & à jouir des endroits les moins marqués, parce que nous obſervons la liaiſon & l'enſemble. Les morceaux frappans ne ſont pas les ſeuls que nous admirions, nous nous plaiſons à entendre toutes les belles voix naturelles dans tous les genres ; & en goûtant du plaiſir, nous n'aimons pas à penſer que nos amuſemens coûtent des crimes affreux & révoltans : il eſt donc néceſſaire que nous ayons des ſalles mieux diſpoſées que les Italiens, qui lui ont donné d'ailleurs des bonnes formes de contour. Mais pourquoi s'appuieroit-on de leur exemple pour autoriſer un abus? Ils commencent à ſentir eux-mêmes les inconvéniens de leur ordonnance ; la nouvelle ſalle de Bologne eſt conſtruite ſur des principes diamétralement oppoſés & conformes à ceux que j'ai établis : elle eſt goûtée, attendons.

CHAPITRE VII.

Du Théatre.

LA diſpoſition générale du théatre n'eſt pas auſſi difficile que les deux parties dont j'ai discuté les principes dans les chapitres précédens. Ses dimensions sont fixées par celles de la salle, & par la possibilité de construction; il a ordinairement la forme d'un parallelograme. Le jeu des décorations dépend d'un méchanisme caché, dans lequel le choix des moyens est indifférent au spectateur. Cette partie du méchanicien est étrangere à mon sujet, il en est d'autres qui ont un rapport plus marqué à l'objet de cet ouvrage, & je les traiterai succinctement.

Le théatre des anciens avait peu de profondeur, mais il était de la largeur de l'amphithéatre. Leurs décorations n'étaient que de simples tableaux, comme les toiles du fond de nos théatres. On les plaçait en face des ouvertures étroites des portes pratiquées dans le mur du fond. On en aſſemblait trois, qui en ſe touchant par leurs côtés, formaient un tambour triangulaire, porté ſur un pivot. En les faiſant tourner, on pouvait offrir aux ſpectateurs trois changemens qu'on deſtinait à la tragédie, à la comédie, & à la paſtorale Ces variations étaient courtes & fort éloignées de l'illuſion & de la vraiſemblance que les modernes leur ont données. Pour ſuppléer à cette pauvreté, ils étalaient ſur le mur du fond toutes les richeſſes de l'architecture.

Les modernes n'ont pas beſoin de cette décoration banale & étrangere au ſujet. La richeſſe de la ſcene eſt aſſortie avec le lieu qu'occupe l'acteur. On obſerve un coſtume exact pour repréſenter une chambre bourgeoiſe, un palais, un payſage, une mer tranquille ou agitée. Nous avons appris l'art d'imiter la nature par le ſecours des couliſſes rangées ſur deux lignes, qui tendent au point de vue placé ſur la toile du fond. L'intervalle marqué de ces couliſſes comporte la repréſentation de pluſieurs objets intermédiaires qui forment une variété charmante, & un ſeul tableau ne peut pas rendre ce bel effet. Nous mêlons à ces tableaux gradués le paſſage momentané de pluſieurs objets vivans qui peuvent rendre la ſcene intéreſſante : nous y ajoutons des vols & des engloutiſſemens, nous tâchons enfin de peindre toutes les beautés de la nature & les féeries de la mithologie.

Les anciens auraient pu donner plus d'effet aux décorations mobiles ; mais ils craignaient qu'une plus grande ouverture des portes de la ſcene n'affaiblît trop la voix, par la diminution du maſſif qui la renvoyait ſur les ſpectateurs. Les modernes n'ont pas pu redouter le même inconvénient, parce que leurs ſalles ſont beaucoup moins étendues. Ils ont donné dans un excès oppoſé, en comptant trop ſur le volume direct de la voix dans les grandes ſalles, & en ne ménageant pas une avant-ſcene pour le renvoi des ſons. On peut s'en paſſer dans les petites ſalles ; mais dans les grandes les rayons directs du ſon ſont trop faibles, s'ils ne ſont pas ſoutenus par des maſſifs durs, diſpoſés pour ſon augmentation. J'ai déja parlé de cette avant-ſcene. Il me ſuffit d'ajouter qu'elle eſt un des plus ſûrs moyens d'augmenter l'effet de la voix ; c'eſt d'ailleurs la principale analogie qu'on peut trouver entre les théatres des anciens & les nôtres. La ſcène des premiers n'était preſque qu'une véritable avant-ſcène telle que je l'ai propoſée. Je demanderais cependant qu'elle eût deux ou trois toiſes de ſurface dure & libre de chaque côté : cet eſpace ſuffirait au plus grand théatre.

J'ai fixé à 50 pieds la plus grande ouverture d'un théatre ordinaire, à cauſe de la portée de la voix & du ſervice habituel des chaſſis. J'ai avancé qu'on pourrait pouſſer plus loin cette ouverture dans les occaſions extraordinaires. En effet, dans ces circonſtances, un méchanicien habile, tel que M. Arnoult, ingénieur des menus plaiſirs du roi, ferait manœuvrer aiſément des décorations dans une hauteur de plus de 50 pieds ; il aſſortirait ſes moyens à l'effet qu'il voudrait produire. Mais ſuivons notre ouverture de 50 pieds, nous y reviendrons encore ; elle eſt aſſez vaſte pour laiſſer de l'eſpace aux grands effets de la perſpective, & on peut la concilier avec les ſecours néceſſaires à la voix, dans les inſtans où le ſpectateur a beaucoup de choſes à entendre.

La forme ordinaire d'un théatre moderne eſt la figure d'un parallélograme qui a pour ſon grand diametre environ une fois & demie de ſa largeur : la ferme placée à cette profondeur laiſſe une aſſez belle proportion d'éloignement pour la tragédie, pour la comédie & pour l'opéra ; mais ſouvent cette ferme n'eſt miſe qu'à la moitié de cette diſtance.

Rien n'empêche qu'on ne réserve une profondeur plus considérable pour des occasions extraordinaires ; on peut toujours avancer la ferme autant qu'on le veut. Si l'on a derriere beaucoup de reculée, il est des spectacles, tels qu'un triomphe, un camp, un combat, &c. dont les objets se montrent plusieurs fois de chaque côté, où l'on n'aurait pas trop de trente toises, surtout s'il fallait faire paroître quelque troupe de cavalerie, comme cela arrive souvent dans les spectacles extraordinaires. Non-seulement le théatre exigerait alors une très grande profondeur, comme la salle des machines des Thuilleries ; il faudrait lui donner peut-être une forme différente du parallélograme, celle du T, par exemple, ou quelque autre qui fût très-

très-évaſée par le fond afin de ſe réſerver dans un des côtés des eſpeces de places d'armes ſur le même niveau que le théatre, pour l'entrepôt & le ralliement d'un grand nombre de perſonnages qui auraient à agir enſemble ou ſucceſſivement. Cette diſpoſition exigerait peut-être, pour le ſervice des formes ſupérieures, de grandes arcades dans les premiers murs ou des eſpeces de ponts dans les hauts, outre les balcons ordinaires, pour lier la manœuvre des machines. J'indique ici ce qu'on verra peut-être un jour : je connais des habiles artiſtes en état de l'exécuter, & d'offrir même des modeles entierement nouveaux de perſpectives. Le génie eſt fécond quand il eſt grand. Je ſuis perſuadé que ces architectes ne feraient dans l'exécution qu'une avant-ſcene en bois, avec le ménagement des gros maſſifs derriere pour la ſolidité de la conſtruction ; elle n'en ſerait pas moins bonne.

Un cenſeur me dira peut-être : pourquoi propoſer des ſalles plus vaſtes que celles qu'on peut occuper ordinairement ? Les nôtres ne ſont-elles pas quelquefois vuides ? Votre projet eſt chimérique. Paris ne pourrait pas fournir à des ſpectacles plus grands & plus magnifiques que ceux dont il fait ſes délaſſemens.

Avant que de répondre à cette objection, il faut expliquer ce que j'entends par un ſpectacle extraordinaire, & les moyens qu'on pourrait avoir de le ſoutenir. J'obſerve d'abord que la déſertion d'un ſpectacle ne vient que de la privation de bons acteurs. Un théatre ne peut pas réſiſter à cet inconvénient. Si la troupe ſe remonte, le public y reviendra : quand le fond eſt bon, & que les comédiens ſont attentifs à plaire, leur théatre eſt fréquenté. Cette partie ne manque jamais que par un vice d'adminiſtration. Il y a ſouvent, dans la capitale, des fêtes & des réjouiſſances qui y attirent la province & même l'étranger. Un ſpectacle ouvert rarement, partagerait alors avec les autres l'aſſemblée nombreuſe des amateurs & des curieux; ce ſerait peut-être un nouvel artifice pour attirer l'étranger. D'ailleurs, une ſalle royale peut offrir de tems en tems des choſes ſingulieres; & une magnificence plus marquée y ferait pluſieurs bons effets.

Un ſpectacle extraordinaire pourrait encore être regardé en

très-bonne économie, comme une dépendance de l'opéra, en réunissant les priviléges, & être desservi par le même fonds d'acteurs. On y ajouterait du dehors, ce que le sujet exigerait, & les frais seraient par conséquent fort considérablement réduits. Par ce moyen, un spectacle monté dans le goût du grand, comme ceux de Servandoni, (mais plus assorti dans ses parties) pourrait avoir lieu non seulement dans les occasions extraordinaires, mais encore pendant quelques mois dans l'année, une ou deux fois par semaine. Il faudrait à cette occasion faire bien des choses pour la perfection des parties accessoires de l'opéra,. vers laquelle on marche bien lentement. Mais un homme qui joindrait les connaissances au goût, & qui serait libre, ſaurait ſe rapprocher beaucoup plus qu'on ne le fait de la vraiſemblance & de la belle nature.

Ce que j'ai dit d'un ſpectacle extraordinaire, ne déroge point aux principes que j'ai établis pour une ſalle ordinaire. En fixant l'ouverture d'un théatre habituel à 50 pieds, on peut choiſir dans les dimenſions au-deſſous juſqu'à 25 pieds, celle qui conviendra le mieux, relativement au local. Au-deſſous de 25 l'ouverture devient trop petite pour une ſalle publique; on ne peut la ſupporter que dans une ſalle particuliere. On en exige moins de vraiſemblance; il faut alors que le directeur des machines ſoit fort adroit pour éviter le bas & le meſquin qui touchent au petit.

CHAPITRE VIII.

Des accompagnemens des dehors.

POUR remplir mon objet, je dois propoſer mes obſervations ſur les accompagnemens intérieurs & ſur les dehors. Les écueils ne ſont plus auſſi multipliés dans ces deux parties, & un architecte ordinaire peut les traiter convenablement s'il eſt libre, car la liberté eſt l'ame des beaux arts. Ces deux branches de l'architecture ſont ſouvent négligées, parce qu'on traite les édifices publics comme les maiſons des particuliers.

Les principaux accompagnemens intérieurs d'un théatre ſont le chauffoir, qui peut ſervir de ſalle de répétition, le caffé, les eſcaliers, les galeries, les iſſues & les loges des acteurs. Les deux premiers ne ſauraient être trop grands ni placés trop commodément ; on les regarde néanmoins ſouvent comme des pieces de ſurérogation, qu'on place où l'on peut ; elles mériteraient d'être mieux traitées : deux ſallons bien arrangés, deſtinés à ces deux uſages figureraient très-bien pour une aſſemblée nombreuſe comme celle des théatres. Les galeries ſont ordinairement très-déſagréables, elles manquent dans les bas où elles ſont très-néceſſaires : il paraît que cet abus ſera corrigé au Palais Royal. Les eſcaliers ſont ſouvent mal ménagés, trop étroits, & étranglés de différentes manieres. L'entrée d'un ſpectacle ſe fait lentement par ſucceſſion & ſans embarras ; la ſortie eſt plus difficile, & il faut la faciliter ; le public deſcend en foule, il faudrait par conſéquent des dégagemens un peu étendus, pour faciliter le débouchement des galeries ſupérieures ; un large palier à chaque étage, & un grand veſtibule dans le bas donneraient de l'eſpace ; on pourrait attendre ſans être incommodé. Les iſſues ne ſont pas aſſez multipliées. Deux petites portes ne ſuffiſent pas au parterre ; il en remplirait quatre en ſortant, & deux ſuffiraient pour l'entrée. On doit encore ſe prémunir contre les incendies. Combien d'accidens n'occaſionne pas alors une ſortie précipitée, ſi les iſſues ſont inſuffiſantes ? quand même le feu ſerait peu dangereux, tout le monde veut ſortir à la fois. Il faut que le parterre puiſſe ſe vuider en un inſtant. M. Soufflot a très-bien rempli cet objet dans sa salle de Lyon. Le parterre se dégorge en deux minutes, dans deux grandes galeries d'où il peut sortir sans aucune difficulté : si la foule ne sort pas promptement, elle gêne & empêche la sortie des loges.

On devrait, dans une capitale, ajouter à ces dégagemens une salle un peu grande dans le bas, où les personnes qui ont des équipages pourraient les attendre vis-à-vis le vestibule, & être averties promptement. Elles n'embarasseraient pas, & elles ne seraient pas gênées. Les loges des acteurs exigent une attention particuliere : au lieu de les placer sans ordre, il serait plus convenable de leur donner un ensemble, & des débouchés commodes vers le théatre, avec des entrepôts où les acteurs seraient à portée, au lieu de remplir les bords des couliſſes où ils embarraſſent. On pratique peu de ces dégagemens d'entrepôt pour les mouvemens du théatre. Enfin, la décence exigerait qu'on apportât plus de précautions pour les *lieux* d'aiſance. Ne pourrait-on pas pratiquer à chaque étage des cabinets pavés, garnis d'un filet d'eau, les entretenir proprement, & en réſerver de particuliers pour le ſexe. Cet objet eſt ſouvent trop négligé. Paſſons aux ornemens des dehors.

On ſçait qu'un édifice public doit ordinairement être iſolé, au moins en grande partie : une ſeule façade eſt toujours trop incommode & inſuffiſante. Il doit être appuyé par quelqu'une de ſes faces ſur une place publique, afin que l'affluence des perſonnes, & la multitude des voitures y trouve un cours libre. Un théatre doit avoir encore une ſurface de terrein aſſez conſidérable pour pratiquer des paſſages nombreux, fort néceſſaires dans les dehors. Non ſeulement les dehors d'un théatre doivent être commodes, ils doivent être décorés convenablement : on gêne trop les habiles architectes ſur ce dernier objet. On affecte ſouvent dans ces dehors une ſimplicité outrée, ſous l'ancien prétexte qu'ils ne doivent pas être auſſi riches que les dedans : mais cet inconvénient peut-il arriver ? Les injures de l'air attaquent bientôt ces dehors, & on ne peut pas y conſerver long-tems le ton d'élégance & de lumiere que préſente la blancheur. D'ailleurs, toutes les parties acceſſoires de la grande richeſſe, la dorure, les peintures, les marbres & les bronzes ne ſont jamais prodigués dans les dehors. Pourquoi donc ne les embellirait-on pas de belles parties de ſculpture? Pourquoi n'adopterait-on pas pour le pourtour extérieur des théatres en particulier, une forme caractériſtique à la maniere des anciens, à-peu-près circulaire, puiſqu'elle favoriſe les iſſues? La multitude incommode des voitures augmente la néceſſité de recourir à cet expédient.

Mais ſi l'on ne peut pas dans quelques occaſions adopter cette forme en entier, au moins faudrait-il que la face principale fût bien décorée, & que l'on pût encore reconnaître dans les côtés un édifice conſacré aux arts. Il faut remarquer, par rapport à cette face principale, que l'on eſt quelquefois embarraſſé pour lui donner un caractere analogue à ſon ſujet. Les uns n'oſent y placer un periſtile montant du fond, dans la crainte, diſent-ils, de tomber dans la reſſemblance des temples. D'autres ne trouvent rien de mieux que de former un ſoubaſſement à arcades égales, afin de gagner un double dégagement. Cette derniere forme devient preſque toujours défectueuſe, ſi elle n'eſt pas ſauvée par des perrons ou d'autres arrangemens qui en couvrent le défaut. Dans une forme circulaire, des ouvertures égales ſont admiſſibles, même pour une entrée principale, parce que celle que l'on voit de face eſt toujours dominante, l'effet de la perſpective rendant les autres plus fuyantes, & beaucoup plus étroites au coup d'œil : mais le periſtile montant de fond aura toujours plus de grace, & même d'avantages particuliers ; il ne reſſemblera pas non plus à une entrée de temple, quand il ſera ajuſté d'une maniere propre à ſa deſtination ; ce que l'on peut faire par différens moyens. Au reſte, les embarras ſont excuſables dans des éleves. Les hommes de génie ſatisfont aiſément à ce que preſcrit la pureté du goût, en pratiquant tout ce qu'un lieu exige d'ailleurs de plus commode & de plus avantageux.

On me dira peut-être qu'on étale les grandes richeſſes du dehors aux portails, & qu'on ne néglige que les côtés ; mais la même raiſon qui les fait admettre dans les portails doit les introduire dans les autres façades. Les édifices publics doivent avoir une apparence plus noble & plus élégante que les maiſons des particuliers ; pourquoi leurs côtés céderaient - ils aux maiſons bourgeoiſes qui font leur pendant ? D'ailleurs il faut conſerver le caractere de chaque choſe : un temple ne doit pas reſſembler à un hôpital ou à un grenier public. En conſeillant d'éviter une trop grande ſimplicité, je ne veux point condamner ces belles maſſes liſſes qui font un ſi bel effet, & qui, accompagnées d'un petit nombre d'ornemens bien choiſis, forment la noble & ſublime ſimplicité. Je ne rejette que celle qui eſt liée à des formes triviales, & que l'affectation rend ridicule. Quand le public aura fixé ſes idées ſur cet objet, les architectes pourront allier les dehors & les dedans par un assortiment raisonnable. Il ne faudra pas de longs raisonnemens, pour démontrer que les dehors d'un théatre doivent être décorés & très bien décorés.

Récapitulation.

J'ai tâché de prouver dans les différentes parties de cet ouvrage, qu'il pourrait y avoir plusieurs rapports entre les théatres anciens, & les théatres modernes : j'ai dit que la forme ordinaire de nos salles construites sur un plan étroit composé de lignes droites, & à petits étages de loges placées perpendiculairement, avait son origine, dans la destination provisionnelle pour les jeux de la scene, de quelques emplacemens couverts, construits pour un autre uſage. J'ai avancé que cette coutume s'était conſervée ſans raiſon, excepté en Italie, où elle eſt adaptée aux mœurs de la nation. J'ai ajouté que pour avoir des idées nettes ſur les qualités d'une ſalle, il fallait remonter aux principes de l'acouſtique, de la perſpective, de la décoration dans les arts, & enfin aux convenances relatives au climat & aux mœurs. Après avoir rappellé ces principes, j'en ai fait l'application aux principales parties des théatres anciens & modernes. Voici le réſultat de ces obſervations.

Les théatres anciens, ſimples & uniformes, étaient conſtruits auſſi parfaitement qu'ils pouvaient l'être, relativement à leurs mœurs. Leur étendue prodigieuſe, que pluſieurs perſonnes regrettent, était plutôt un défaut réel que l'objet d'une admiration raiſonnable. Pour pouvoir jouir d'une repréſentation dramatique, le lieu où elle ſe fait ne doit pas contenir au-delà de 3000 ſpectateurs. Il ſerait poſſible de conſtruire une enceinte qui recevrait ſix mille perſonnes pour un ſpectacle extraordinaire, où les jeux ſe paſſeraient plutôt en repréſentations épiſodiques d'un grand appareil, & qui ſe prêtent au lointain, que dans une action principale unique, comme celle des drames réguliers, qu'on doit voir de plus près.

La couverture intérieure d'une ſalle doit avoir la forme concave plutôt qu'applatie, pour raſſembler plus efficacement les rayons du ſon; ſa matiere doit être dure comme celle des voûtes, & ſonore comme le bois;

il faut éviter les revêtemens en toile, parce que les corps mols absorbent le son.

Le pourtour intérieur d'une salle doit avoir une figure courbe, tendante à la forme circulaire ou ovale, plutôt évasée sur les côtés du théatre, qu'allongée en avant, parce que les figures allongées dans ce sens ou à lignes droites, sont sujettes à trop d'inconvéniens ; il serait possible d'en sauver une partie dans une petite salle particuliere, par le secours d'une avant-scene ; on pourrait placer quelques parties d'architecture sur des lignes droites, mais on fera mieux de les supprimer, comme on l'a fait dans les salles publiques. Les figures courbes sont propres & nécessaires aux édifices de ce genre.

On doit faire la disposition

des places ſupérieures en loges à retraite, plutôt qu'à petits étages perpendiculaires ; ceux-ci nuiſent au ſon, à la vue & à la décoration. Lorſque les places ſupérieures peuvent former une ſuite avec les inférieures, & qu'il n'y a plus de travées obſcures pour en couper l'enſemble, elles offrent le coup d'œil majeſtueux que doit avoir une grande aſſemblée, ſur-tout ſi le haut eſt terminé par des parties d'architecture d'un bel effet.

Trois objets principaux méritent l'attention des architectes dans la conſtruction des grandes ſalles, pour la partie des ſons. Outre que le plafond doit être courbe & dur, il faut qu'il y ait une véritable avant-ſcene, formée de deux ſurfaces libres, dures & pleines, ſur les côtés de l'ouverture du théatre ; enfin, il faut conſerver une ſurface de deux toiſes au-deſſus des dernieres loges dans le pourtour de la ſalle. Il ne ſera pas inutile de rapprocher ici les trois objets. J'ai prouvé qu'une ſalle ne peut pas être trop ſonore, & que la maſſe ſi abſorbante des ſpectateurs, ainſi que le vuide du théatre, engloutiront néceſſairement une grande partie du ſon : il faut contre-balancer cet affaibliſſement. On peut diminuer l'effet de l'aſſemblage des ſpectateurs, en réduiſant la ſurface qu'ils occupent, & en l'éloignant du théatre ; il faut économiſer la partie du ſon qui reſte, de maniere qu'elle ſuffiſe : il faut, pour y réuſſir, que la partie directe du ſon ſoit fortifiée par le retour & la réaction. D'où viendra cette réaction ? Où ſeront les ſurfaces dures, ſi on place des ſpectateurs juſqu'au haut de la ſalle, s'il n'y a point d'avant-ſcene, ſi le plafond eſt garni en toile ? La partie directe du ſon ſera très-affaiblie, comme on l'éprouve dans deux théatres de la capitale, l'Italien & le Français, où on entend difficilement, même aux premieres loges, à côté du théatre. Quand le plafond ſera d'une matiere dure, il fera un effet conſidérable ; on s'en apperçoit à la ſalle proviſoire des Thuileries ; ce ſecours ſera inſuffiſant ſi le lieu eſt trop étendu. Les ſurfaces d'avant-ſcene, & les pourtours ſupérieurs deviendront alors néceſſaires. On a remarqué l'utilité de cette derniere réſerve qu'on peut ſacrifier les jours de foule. On pourrait encore, à la rigueur, tolérer ſur les côtés de l'avant-ſcene même, des loges ſecretes peu nombreuſes, grillées & peu ouvertes ſur le devant. Mais il ſera encore mieux qu'il n'y en ait point du tout.

Si on prétend nicher des loges dans tous les coins, ſur toutes les petites parties des ſurfaces du mur qui ſeront libres, comme pourraient le faire des entrepreneurs avides & peu éclairés, il faut renoncer à une ſalle avantageuſe pour le ſon. Si on veut conſtruire une ſalle aſſez favorable au ſon pour qu'on puiſſe entendre diſtinctement l'acteur des places les plus éloignées, il faut d'abord fixer le nombre principal des places néceſſaires, avec une réſerve convenable pour les occaſions extraordinaires, & dédaigner enſuite les clameurs des prétendus amateurs, qui demandent des loges par-tout. Il faut décider les ſurfaces de renvoi en avant-ſcene ou ailleurs, en qualité ſuffiſante : leur continuité, le coulant des formes courbes, & leur direction rendront leur effet plus conſidérable. On peut réduire aux conſéquences ſuivantes mes obſervations ſur la vue. Il faut s'aſſujettir au point de vue principal du milieu du fond du théatre, qui devient le centre d'un cône, dont deux côtés paſſent par les bords de l'ouverture du théatre. Pour profiter de la divergence de ces côtés, il ſerait avantageux d'étendre les bornes d'une ſalle au delà de ces bords de l'ouverture du théatre; les rayons viſuels des ſpectateurs doivent être renfermés dans ce cône, ils doivent tous tendre au point de vue ſans être gênés, interceptés, ou précipités; il ſera utile

utile de les tenir égaux dans les extrêmités autant qu'on le pourra. On peut remplir ces conditions par les formes courbes du pourtour, & par la gradation en retraite des places ſupérieures.

J'ai fixé la plus grande dimenſion de l'ouverture d'un théatre habituel environ à 50 pieds, à cauſe du ſervice ordinaire des couliſſes ; & la plus petite étendue à 25, parce qu'au-deſſous de cet eſpace, l'effet des décorations deviendrait miſérable. La plus grande profondeur proportionnelle d'un théatre, doit être à-peu-près à une fois & demi de ſa largeur. On a reconnu qu'on pouvait s'étendre conſidérablement au-delà dans un ſpectacle extraordinaire, dont on a fait connaître la poſſibilité.

La décence exige enfin des

accompagnemens plus nombreux & plus commodes que ceux qu'on voit ſouvent dans des endroits publics auſſi fréquentés que les théatres. Les dehors des ſalles doivent être diſpoſés aſſez bien pour concourir à l'embelliſſement d'une ville, ſur tout par le caractere annoncé de ſon objet.

Les artiſtes & les ordonnateurs peuvent choiſir le mauvais, le médiocre, le bon & l'excellent : plus ils ſe rapprocheront de celui-ci, plus ils doivent eſpérer les ſuffrages du public. Le public leur rendra toujours juſtice. J'ai fait preuve de bonne volonté, & j'ai concouru par mon zele à l'éclairciſſement d'un objet utile.

FIN.

www.ingramcontent.com/pod-product-compliance
Ingram Content Group UK Ltd.
Pitfield, Milton Keynes, MK11 3LW, UK
UKHW021154260726
13994UKWH00001B/454

9 782329 443782